Rotfuchs

SARAH
JÄGER

SCHNABELTIER DELUXE

ROMAN

ROTFUCHS

Die Autorin dankt dem Deutschen Literaturfonds und dem Arbeitskreis für Jugendliteratur für das Kranichsteiner Jugendliteratur-Stipendium.

Originalausgabe
Veröffentlicht im Rowohlt Taschenbuch Verlag,
Hamburg, Oktober 2022

Lektorat Christiane Steen
Satz aus der Scala Pro
Gesamtherstellung CPI books GmbH, Leck, Germany
ISBN 978-3-499-00911-2

Die Rowohlt Verlage haben sich zu einer nachhaltigen Buchproduktion verpflichtet. Gemeinsam mit unseren Partnern und Lieferanten setzen wir uns für eine klimaneutrale Buchproduktion ein, die den Erwerb von Klimazertifikaten zur Kompensation des CO_2-Ausstoßes einschließt.
www.klimaneutralerverlag.de

FSC www.fsc.org
MIX
Papier aus verantwortungsvollen Quellen
FSC® C083411

SCHNABELTIER DELUXE

ICH SCHAUE aus dem Fenster des Lehrerzimmers, schaue auf die fliegende Kaffeemaschine und denke, dass ich mir die Sache mit dem Urknall genau so vorgestellt habe. Ich denke, dass es vor zig Milliarden Jahren diesen Urknall gegeben hat und deshalb jetzt gerade eine Kaffeemaschine durch das Fenster fliegt, auf den Asphalt des Schulhofs kracht und sich in tausend Einzelteile zerlegt.

Die Klassenlehrerin hat uns vor einer halben Stunde den Physiktest zurückgegeben. Sie hat einen Mundwinkel nach unten gezogen und den Kopf geschüttelt – als ob die Zahl auf dem Papier nicht ausgereicht hätte. Außer der Sechs und zehn Fragen zu den Urknalltheorien gab es da nicht mehr viel zu sehen.

Eine Explosion, hatte ich geschrieben. *Alles ist auseinandergeflogen, und dann ist daraus was Neues entstanden. Schätzungsweise unser Universum. Ist aber nur eine Theorie.*

Krach, Lärm, Zerstörung. Genau so muss das damals gewesen sein.

Nach der Kaffeemaschine werfe ich Untertassen aus dem Fenster, einfach nur, weil ich den Gedanken an fliegende Untertassen so lustig finde. Das Problem ist allerdings, dass ich damit alleine bin. Niemand lacht, weder die Sekretärin noch der Schuldirektor, die als Erste in das Lehrerzimmer gestürmt sind, und wenn man einen Witz erklären muss, dann ist er nicht mehr gut. Statt mit mir am Fenster zu stehen und die fliegenden Untertassen zu bewundern, fasst mich der Schuldirektor grob am Arm.

Ich sehe den Arm, ich sehe seine Hand – und ich weiß, dass ich das nicht vergessen werde.

Ich lasse mich ohne große Gegenwehr in sein Büro zerren.

Als ich auf dem Stuhl vor seinem Schreibtisch sitze, fragt er wütend: «Was fällt dir ein?!», und seine Augen wirken müde.

«Das war nur ein Experiment», antworte ich. «Urknalltheorie.» Ich schaue mich in seinem Büro um. Aktenordner stehen im Regal, viele Aktenordner, weil Aktenordner immer nach Arbeit aussehen, und in der Ecke des Raums steht eine Zimmerpflanze, die wahrscheinlich vom Hausmeister am Leben gehalten wird, denn der Hausmeister ist der einzige Erwachsene in diesem Gebäude, der noch ein Herz hat. Es gibt nichts Neues in diesem Zimmer, all das kenne ich schon. Ich bemerke nur, dass ein Foto weniger auf dem Schreibtisch steht als beim letzten Mal. Vielleicht gibt es gerade eine Ehekrise im Hause Schuldirektor. Das würde auch seine müden Augen erklären, schließlich kann ich nicht für alles verantwortlich sein.

«Und Ihrer Frau, wie geht es der so?», frage ich, aber der Schuldirektor bleibt mir eine Antwort schuldig, die Tür zu seinem Büro öffnet sich, und die Klassenlehrerin betritt den Raum. Ihr Gesicht verrät sofort, dass ich sie genau da getroffen habe, wo ich wollte, ohne sie auch nur berühren zu müssen. Es ist ihre Kaffeemaschine gewesen, die ich aus dem Fenster geworfen habe. Vor zwei Monaten wurde die Maschine geliefert, und die Klassenlehrerin ist durch die Schulflure getänzelt, immer dem unterbezahlten Paketboten hinterher. «Ist sie das?», haben die anderen Lehrer aufgeregt gefragt und den unterbezahlten Paketboten dabei fast aus dem Gleichgewicht gebracht. Die Klassenlehrerin hat stolz genickt und «Wir müssen uns doch auch mal was Gutes tun», gesagt. «Das gibt garantiert Pluspunkte für die Beförderung», hat der Schulsprecher geflüstert.

Die Kaffeemaschine habe ich heute zum ersten Mal zu Gesicht bekommen, denn was Gutes haben sich natürlich nur die Lehrer verdient, für uns Schüler gibt es Kakao aus dem Getränkeautomaten in der Pausenhalle, und für den unterbezahlten Paketboten gab es noch nicht mal ein Trinkgeld.

Die Klassenlehrerin steht neben dem Stuhl, schüttelt fassungslos den Kopf und zischt: «Was fällt dir eigentlich ein?» Mir fällt gar nichts mehr ein, deshalb wiederhole ich nur: «Experiment. Urknalltheorie», fühle mich wie die Zimmerpflanze, in die Ecke gedrängt und doch irgendwie egal. Ich kann noch nicht mal auf ein nettes Wort vom Hausmeister hoffen, weil er mich seit der Sache mit der Theater-AG keines Blickes mehr würdigt. Das mit dem Bühnenbild hat er wirklich persönlich genommen, obwohl es dabei gar nicht um ihn gegangen war. Auch der Schuldirektor hat das nicht vergessen. «Viel Lärm um nichts», sagt er gerade. Die

Klassenlehrerin sagt überhaupt nichts mehr, denkt wahrscheinlich immer noch an ihre zerstörte Kaffeemaschine. Ich werde nun endgültig zur Zimmerpflanze, bewege mich nicht mehr, lasse den Kopf hängen und starre auf den Boden. Gleich werden sie mich nach Hause schicken, auch das kenne ich schon. Die Kaffeemaschine kann nicht schlimmer sein als das Bühnenbild, denke ich. Eine Woche Suspendierung, schließe ich mit mir selbst eine Wette ab.

DIE MUTTER und ich leben in einer Fernbeziehung. Sitze ich auf dem Bett, darf sie einen Schritt in das Zimmer machen, in dem ich wohne. Wenn sie es einmal auf einen weiteren Schritt ankommen lässt, rücke ich von der Bettkante zurück an die Wand. Sie hat es schon lange nicht mehr darauf ankommen lassen, «weil dein Zimmer ein Saustall ist», sagt sie.

Die unausgesprochene Wahrheit jedoch ist, dass uns drei Armlängen Abstand guttun.

Als die Mutter zwei Tage nach dem Urknall die Tür öffnet und keinen einzigen Schritt in das Zimmer macht, sondern im Türrahmen stehen bleibt, weiß ich sofort, dass ich die Wette mit mir selbst verloren habe. Ich berühre mit dem Daumen das Pause-Symbol auf dem Handydisplay, ‹Fünf Tiere, die sich auf eine mehrspurige Straße gelegt haben und überlebten›, sie müssen warten.

Das linke Augenlid der Mutter zuckt, und ich sehe, dass ihre Hände zittern. Sie bleibt weiterhin im Türrahmen stehen, vielleicht sehnt sie sich nach ein bisschen Halt. Ich richte mich auf und sitze nun auf der Bettkante, rücke weiter nach vorn, bis nur der Hintern die Kante berührt, um der Mutter so nah zu sein, wie wir es beide noch aushalten.

An ihren Füßen schon die grünen Turnschuhe, die sie zur Arbeit im Altenheim trägt. Vor ihrem linken Fuß eine Socke, vor ihrem rechten Fuß ein Papierkügelchen.

Ich wollte mich nur gegen den runtergezogenen Mundwinkel der Klassenlehrerin wehren, aber mit der Kaffeemaschine habe ich wohl eine rote Linie überschritten und die gesamte Lehrerschaft gegen mich aufgebracht. Die Entscheidung der Schule ist nur konsequent. Erst fliegt die Kaffeemaschine, dann fliege ich.

«Es war doch nur eine Kaffeemaschine», antworte ich auf eine Frage, die die Mutter gar nicht gestellt hat.

«Eine Siebträgermaschine», korrigiert mich die Mutter, und jetzt klammert sie sich mit ihrer linken Hand an den Türrahmen. Es ist, als hätte ich die Welt unter ihr zum Wanken gebracht.

Lass nichts zu nah an dich heran, sonst macht es dich kaputt, das wissen wir beide. Nur haben wir schon immer andere Konsequenzen aus diesem Familienwissen gezogen. Kommt etwas zu nah an mich heran, dann warte ich nicht darauf, dass es mich kaputtmacht. *Mach es kaputt, bevor es dich kaputtmacht,* habe ich einmal mit signalrotem Edding auf das Laminat im Wohnungsflur geschrieben. Danach habe ich zwei Wochenendschichten im Kiosk an der Ecke machen müssen, damit ich der Mutter das Geld für den beigen Teppichboden zurückzahlen konnte, der nun im Flur liegt. Aber das ist es mir wert gewesen.

Vielleicht sucht die Mutter zwischen dem Türrahmen auch gar keinen Halt, vielleicht hat sie gerade das Gefühl, einen größeren Sicherheitsabstand zwischen ihr und mir zu brauchen.

Ich schaue wieder auf das Handydisplay, weil alles gesagt ist und ich nichts weiter fühle, das in Worte gepackt werden müsste, ich werde die Schule nicht vermissen, die Mitschüler kaum, die Lehrer auf gar keinen Fall, und der Hausmeister, der redet ja nicht mehr mit mir. Ich starte das Video. Ein Braunbär liegt auf einer mehrspurigen Straße. Er wird überleben, genau wie ich. Ich spüre den Blick der Mutter, vielleicht brüllt sie auch. Die Menschen sagen und fühlen immer so viel mehr als ich.

Ich bin eine Zimmerpflanze, denke ich und bedauere sehr, dass ich nicht wegen der Untertassen geflogen bin.

FÜR DIE Mutter ist es eine unlösbare Aufgabe, eine neue Schule für mich zu finden. Wie ein unangekündigter Physiktest über die Urknalltheorie. Und ich kann sie weder abschreiben lassen noch ihr einen Spickzettel rüberschieben, ich kann nur einen sauberen Pullover anziehen und freundlich lächeln, wenn wieder ein Termin in irgendeiner Schule ansteht.

Nach dem fünften Termin dämmert uns langsam, dass ich mit der Kaffeemaschine nicht nur die Lehrerschaft der Schule, sondern die Lehrerschaft aller Schulen in dieser Stadt gegen mich aufgebracht habe. Die Kaffeemaschine ist dem Lehrer heilig. Und auch der Lehrerin. Oder aber es ist so gewesen, dass bei der stillen Post durch die verschiedenen Lehrerzimmer vielleicht doch die Kaffeemaschine auf der Strecke geblieben ist, dass sich inzwischen nicht mehr «Da ist die Kaffeemaschine der Lehrerin aus dem Fenster geflogen» gegenseitig ins Ohr geflüstert wird, sondern nur noch: «Da ist die Lehrerin aus dem Fenster geflogen.» Das wäre dann immerhin eine logische Erklärung für all die versteinerten Mienen, die uns auf den Schulfluren begegnen. Oder es liegt an dem orange-pink gestreiften Pullover, den ich trage. Manchmal ist sauber einfach nicht genug.

Als uns das Schulamt zu einem Gespräch einlädt, erwartet die Mutter wohl, dass ihr nun endlich die Lösungen für den Physiktest zugeschoben werden, sie bemalt ihre Lippen und zieht hohe Schuhe an, auf denen sie gar nicht laufen kann. Am Tag des Termins steigen wir aus dem Aufzug, gehen über den graubraunen Linoleumboden – er warnt uns, dass es hier trist und ungemütlich werden wird – und suchen das Zimmer Nummer 803. Ich schaue in einen Raum, es ist der Pausenraum des Amtes. Ich sehe eine Küchenzeile, sehe eine Siebträgermaschine auf der Arbeitsplatte stehen, und da weiß ich schon, dass der Linoleumboden nicht gelogen hat. Im Zimmer 803 erwartet uns ein Mensch hinter seinem Schreibtisch. Er sieht kaum auf, als wir hereinkommen, deutet nur mit der Hand auf zwei Stühle und murmelt: «Setzen Sie sich», während er mit seinem dunkelbraunen Kugelschreiber Notizen in eine hellbraune Akte macht. «Schwierig», sagt er, «schwierig.» Und ich weiß nicht so genau, ob er über mich oder die Akte spricht oder ob wir für ihn das Gleiche sind, ich und die Akte. Er könne mich sicherlich an einer Berufsfachschule unterbringen, sagt er, legt den Kugelschreiber auf den Schreibtisch, um ihn ein paar Sekunden später wieder in die Hand zu nehmen. «Für Schulabgänger nach der 9. Klasse», sagt er, und «10 Jahre Schulpflicht», die hätte ich dann erst mal erfüllt, und dass man danach weitersehen könne. Einen Termin mit der schulpsychologischen Beratungsstelle solle man für mich vereinbaren, weil es ja auf der Hand liege – er streichelt mit dem Daumen sanft über seinen Kugelschreiber, es muss ein besonderer Kugelschreiber für ihn sein, während er der hellbraunen Akte sagt: «Es liegt ja auf der Hand, dass du ein Aggressionsproblem hast.»

Als der Mensch vom Schulamt kurz aus dem Raum geht, lässt er seinen Kugelschreiber unbeaufsichtigt auf dem Schreibtisch liegen. Wenige Minuten später kommt er zurück und drückt mir Infobroschüren über die beiden Berufsfachschulen in die Hand, Holztechnik oder Metalltechnik, das könne ich mir aussuchen, sagt er. Und der Mutter überreicht er einen Zettel mit der Telefonnummer für das Aggressionsproblem. Als wir aus dem Schulamt treten, werfe ich seinen Kugelschreiber in den erstbesten Mülleimer. Rote Linien, die habe ich auch.

DIE MUTTER macht zwei Schritte in das Zimmer hinein, erst dann bleibt sie stehen. Das Herz muss ihr schwer sein, das verrät der erste Schritt, und der zweite noch mehr. Trotzdem stütze ich mich mit beiden Händen auf der Matratze ab und schiebe den Körper an die Wand. Den linken Fuß lege ich auf eine der Schulbroschüren.

> Eine Ausbildung im Bereich der Metalltechnik ist das Richtige für dich, wenn
> – *du gerne Dinge reparierst*
> – *die Naturwissenschaften zu deinen Lieblingsfächern zählen*

«Ich glaube, ich nehme die Schule mit dem Holz», sage ich zu der Mutter, um ihr zu zeigen, dass sie nicht alleine ist, auch wenn sie das manchmal denkt. Doch die Mutter macht mit einer Handbewegung deutlich, dass ihre Gedanken gerade weder aus Holz noch aus Metall gefertigt sind.

«Ich habe mit René telefoniert», sagt die Mutter stattdessen. Sie muss sich wirklich einsam fühlen, wenn sie wieder mit ihrem Ex-Freund spricht.

«Schön», sage ich, weil ich mit dem Ex-Freund immer gut klargekommen bin. Der Ex-Freund und die Mutter sind drei

Jahre zusammen gewesen. Wahrscheinlich sind sie sich zu nah gekommen, und deshalb hat das mit ihnen kaputtgehen müssen. Nach der Trennung ist der Ex-Freund wieder zurück in sein Heimatdorf gezogen, zurück in das Haus seiner Tante. Vor vielen Monaten haben wir ihn dort besucht, dreimal haben wir umsteigen müssen und den ganzen Tag in Zügen und auf Bahnhöfen verbracht. Ich denke angestrengt nach, aber an den Namen des Dorfes kann ich mich nicht mehr erinnern.

Die Mutter erzählt, dass der Ex-Freund einen Schuldirektor kennt: «Sie haben damals zusammen im Sandkasten gesessen», sagt sie. Und dieser Sandkastenkumpel leitet eine Gesamtschule, die ein paar Kilometer von dem Dorf entfernt ist, in dem der Ex-Freund nun wieder bei seiner Tante wohnt.

«Diese Schule würde dich aufnehmen», schließt die Mutter ihre Erzählung, und ich sehe, wie sie das Gewicht von einem Bein auf das andere verlagert, ihr schweres Herz wird jetzt vom rechten Bein getragen.

«Trotz Kaffeemaschine?», frage ich vorsichtig.

«Die haben wir nicht erwähnt. Und auch das Auto nicht.» So läuft das, wenn man erwachsen ist: Solange man nicht darüber redet, ist es nicht passiert. Die Strategie der Mutter ist nicht nur golden, sie ist klug, denn die stille Post hat garantiert nicht über drei Umstiege und Bahnhöfe hinweg von einem Lehrerzimmer zum anderen funktioniert. Und sollte das doch der Fall gewesen sein, dann hat der Sandkastenkumpel nur noch ein dahingenuscheltes «dailehreflogen» gehört, verständnislos den Kopf geschüttelt und dem Ex-Freund mit

Lächeln, Handschlag und «aber selbstverständlich» auf den Lippen einen Schulplatz für mich angeboten.

«Wir ziehen also um?», frage ich weiterhin vorsichtig, weil ich damit rechne, dass irgendwann ein Haken kommen muss. Und der Haken, auf dem geschrieben steht, dass wir in die Provinz ziehen müssen – dieser Haken scheint mir zu stumpf, er bohrt sich nicht tief genug ins Fleisch hinein.

«Nicht wir. Nur du», sagt die Mutter, und da ist er also. Der Haken, an dem ich zappele und nach Luft schnappe.

«Natürlich nicht für immer», ergänzt sie schnell. «Vielleicht ein Jahr. Wenn du die zehnte Klasse abgeschlossen hast, dann haben sich auch hier die Gemüter wieder beruhigt. Ich kann nicht einfach weg, wegen der Arbeit. Du, du musst doch ...»

Ich schnappe weiter nach Luft, aber da sind nur Worte. Nur die Worte der Mutter, die in mich hineinströmen.

«Es ist ja nicht so», sagt sie gerade, «als würden dir viele Türen offen stehen.»

Erst wirft sie mich in die Welt, denke ich, nun wirft sie mich weg. Für ein leichteres Herz, denke ich. Für einen begehbaren Kleiderschrank oder einen Fitnessraum. Oder was immer aus dem Zimmer, in dem ich lebe, werden wird, wenn ich nicht mehr da bin. Die Mutter hofft auf eine Reaktion von mir, das sehe ich in ihren Augen, aber mit der Hoffnung konnte ich noch nie viel anfangen, ich schaue sie nur an, die Mutter und die Hoffnung, und schweige. Schaue sie an und schweige, bis die Mutter wegguckt, bis sie sich umdreht, bis sie geht und von außen die Zimmertür schließt. Kurze

Zeit später höre ich die Wohnungstür, jetzt bin ich allein. ‹Nicht so, als würden dir viele Türen offen stehen›, dröhnt es im Kopf, ‹Türen offen stehen.› Ich springe aus dem Bett und renne aus dem Zimmer. Ich reiße die Tür zum Badezimmer auf, fasse sie an den Seiten und hebe sie aus den Angeln. Es geht viel leichter, als ich mir das vorgestellt habe. Die Mutter und die ganze Welt, sie werden staunen, werden darüber staunen, was ich mit Türen anstellen kann. Ich drehe mich zusammen mit der Tür um die eigene Achse, noch eine Runde und noch eine Runde, ich tanze mit ihr, bis ihr schwindelig wird, dann lasse ich sie fallen. In mir ein großes Bedauern, dass im Flur kein Laminat mehr liegt. Es wäre laut gewesen, lauter noch als eine Kaffeemaschine, die auf den Asphalt trifft. So ein Teppich ist ein Leisetreter, ist viel zu feige für Krach. Ich packe mir die Tür vom Schlafzimmer der Mutter, sie knallt auf die Badezimmertür, und ich klatsche in die Hände.

Die Küche besitzt nur einen Bambusvorhang, mit einem Ruck habe ich ihn heruntergerissen. Das leise Rascheln ist eine Enttäuschung.

So etwas wie ein Wohnzimmer gibt es hier nicht. Ich öffne die Wohnungstür. Bin überrascht, wie schwer sie ist. Trotzdem gelingt es mir, sie hoch genug zu heben, damit sich die beiden Stifte aus den Halterungen lösen. Ich muss einen Ausfallschritt nach hinten machen. Fast stürze ich über die beiden Zimmertüren. Verhindere gerade noch, dass mich die Wohnungstür unter sich begräbt. Ich gehe ein wenig in die Knie, spanne die Muskeln an, drehe mich so, dass die linke

Schulter den linken Türrahmen streift, und mit zusammengebissenen Zähnen schaffe ich es, die Wohnungstür seitlich zu kippen. Drei Schritte, ich ächze leise, dann sind wir im Hausflur. Die Tür, die offen neben mir steht, und ich.

Wenn sich unten bei den Briefkästen zwei Menschen unterhalten, hallt es jedes Mal durch das ganze Treppenhaus bis nach oben in den vierten Stock. Ich höre schon die Zukunft, höre den tosenden Lärm, den es gleich geben wird, wenn ich die Wohnungstür über die Treppen hinunter ins Erdgeschoss schicke. Ich ziehe die Tür über die Hausflurfliesen, bis sie frontal vor mir steht. Einmal kurz verschnaufen, denke ich, für den letzten Akt. Ich presse die Stirn gegen die weiß lackierte Tür oder presse die weiß lackierte Tür gegen die Stirn. So oder so oder anders, so ist es doch immer, denke ich und schließe kurz die Augen.

«Was hast du jetzt schon wieder?» Die Stimme der Mutter. Erschrocken lasse ich die Tür los. Ein dumpfes Geräusch, viel leiser als die Badezimmertür, die auf den Teppich gefallen ist. Ein dumpfes Geräusch. Ich kannte es schon, bevor ich auf die Welt gekommen bin. Und nun die Wohnungstür und der Schädel der Mutter. Dieses dumpfe Geräusch, es explodiert in den Ohren.

DIE MUTTER muss über Nacht im Krankenhaus bleiben. «Zur Beobachtung», sagen die Ärzte.

«Da haben Sie richtig Glück gehabt», diagnostiziert der Krankenpfleger und stellt einen Plastikbecher mit drei bunten Pillen auf den Nachttisch. Von wegen vierblättrige Kleeblätter und Sternschnuppen. Das Glück ist eine umfallende Tür. Die Mutter und ich schauen uns an. Sie sieht gar nicht glücklich aus, nur blass auf dem weißen Kopfkissen. Und viel zu schwach, um wütend auf mich zu sein. Wenn sie nicht brüllt, dann ist es am schlimmsten. Das schlechte Gewissen hat große Hände, die gegen die oberen Rippen drücken.

Ich denke an das Video mit dem Braunbären. Der Braunbär ist unverletzt geblieben, noch nicht einmal eine Gehirnerschütterung hat er davongetragen. Das Glück ist keine umfallende Tür, will ich widersprechen. Das Glück ist ein Braunbär, der sich auf eine mehrspurige Straße legt und überlebt. Doch der Krankenpfleger ist schon längst verschwunden.

In dem Zimmer stehen zwei weitere Betten. Die Menschen in den Betten tragen geblümte Schlafanzüge und haben Besuch, der auf ihren Bettkanten sitzt. Ich stehe zwei Schritte von der Mutter entfernt. Sie trägt einen pinken Einteiler mit Kapuze und Hasenohren, der eigentlich mir gehört. Ich habe ihn schnell aus dem Schrank gezerrt und in eine Einkaufstüte gestopft. Zusammen mit einer Zahnbürste, Duschgel, Bananenchips und den Werbeprospekten aus dem Briefkasten. Weil man doch etwas zu lesen braucht im Krankenhaus.

«War ein Unfall», sage ich zum dreiundsechzigsten Mal.

«Weiß ich doch», erwidert die Mutter erschöpft.

«War ein Unfall», sage ich zum vierundsechzigsten Mal.

Diesmal schweigt die Mutter.

«Du hast schon als Kind nicht gerne gebastelt», sagt sie dann. «Immer im Zickzack mit der Schere durch das Tonpapier. Nie die aufgemalten Linien entlang.» Sie flüstert. Ich muss mich vorbeugen, um sie zu verstehen. «Und dann kommen sie uns mit Holz und Metall.»

Sie tastet auf dem Nachttisch nach ihrem Handy und hält es mir hin. Ich denke an die Telefonnummer für das Aggressionsproblem. Den Zettel habe ich gefunden, als ich auf der Suche nach der Krankenkassenkarte gewesen bin. Sauber gefaltet hat er im Portemonnaie der Mutter gesteckt.

«Die Nummer von René ist eingespeichert», sagt sie. Da sind sie wieder. Die Provinz und der Ex-Freund. «Das ist das Beste für dich.» Dann noch leiser, fast stumm: «Und für mich.»

VIER TAGE danach überquere ich eine vierspurige Straße in einer fremden Stadt und ziehe einen großen Rollkoffer hinter mir her. Ich überlege kurz, ob ich mich hinlegen soll, aber ich bezweifele, dass ich so ein sonnengeküsstes Glückskind wie der Braunbär bin. Deshalb bleibe ich aufrecht und stelle mich an die Bushaltestelle, warte auf die Linie 258, die mich in ein Dorf bringen soll, dessen Namen ich schon wieder vergessen habe.

ALS ICH vor dem Busfahrer stehe, halte ich ihm beide Fäuste vors Gesicht. Weil ich mir den Namen des Dorfes nicht merken kann, habe ich ihn über die Fingergelenke geschrieben. Einen Buchstaben für jeden Finger, nur die Daumen blieben vom Kuli verschont. Ich habe das lustig gefunden, es sieht aus wie ein Knasttattoo. Aber der Busfahrer verzieht keine Miene, er sagt nur: «Endstation.» Und Endstation, das bringt es genau auf den Punkt.

«Neuanfang», so hat es die Mutter genannt, als sie vor drei Tagen aus dem Krankenhaus gekommen ist. Ich habe mit dem Kopf genickt und nicht widersprochen.

Weil die Mutter nun mal meine Mutter ist.

Und weil ich sie liebe, so gut ich das eben kann.

Ich suche einen Platz für mich und den großen Koffer, was nicht schwer ist, denn es sitzen kaum Menschen in diesem Bus.

Kaum Menschen und zwei Hunde.

Der Bus verlässt die Stadt, fährt die Landstraße entlang und hält an keiner einzigen Bushaltestelle. Für wen auch, draußen nur Wiesen und Kühe.

Ich ziehe eine Flasche Eistee aus dem Rucksack, höre dabei den beiden Menschen zu, die schräg vor mir sitzen.

Sie käuen ihre Worte wieder wie die Kühe da draußen ihr Gras, und sie berühren vorsichtig ihre frisch frisierten Köpfe. Sie reden über Gartenhecken, über ihre eigenen und über die ihrer Nachbarn. Gartenhecken haben mich noch nie interessiert.

Aus Langeweile forme ich ein kleines Papierkügelchen aus dem Flaschenetikett und schnipse es zielsicher über die Sitzreihen, ich habe in den letzten Wochen viel Zeit zum Üben gehabt. Das Papierkügelchen trifft den Nacken des Busfahrers. «Tssss», zischen die zwei Menschen schräg vor mir, weil sie plötzlich keine Worte mehr hervorgewürgt bekommen. Sofort zeige ich mit dem Finger auf sie und frage empört: «Warum machen Sie denn so was? Papierkugeln schnipsen ... Was hat Ihnen der arme Busfahrer denn getan?»

«Unverschämter Kerl», muht mich eine der beiden an. Sie sieht kurz geschnittene Haare, mehr sieht sie nicht. Ich zeige immer noch auf sie und sage zum Busfahrer, die Stimme weiterhin gefüllt mit Empörung: «Sie müssen sich von Ihren Fahrgästen wirklich nicht beleidigen lassen.»

Doch der Busfahrer dreht sich gar nicht erst um. «Jetzt ist Ruhe dahinten!», brüllt er gegen die Frontscheibe seines Busses.

Die beiden Kühe gucken eingeschnappt auf ihre Handtaschen, die zwei Hunde verstecken sich hinter den Beinen ihrer Besitzer, und auch ich senke den Finger. Obwohl ich doch mit der Hoffnung gar nichts anfangen kann, hoffe ich, dass das Dorf nicht so klein ist, wie ich es im Gedächtnis habe. Bis zum nächsten Urknall sollte ich den Menschen und Tieren aus diesem Bus wohl besser nicht mehr über den Weg laufen.

Am Dorfeingang ein verwittertes Schild. ‹Schönstes Dorf› ist noch zu entziffern. Es könnte sein, dass die Dorfbewohner das Schild vergessen haben. Oder sie ähneln meiner Mutter, die immer noch stolz darauf ist, dass sie als Kind einen Schulwettbewerb in irgendwas gewonnen hat. Man braucht Halt, denke ich, und es ist nicht immer ein Türrahmen da. Ich halte mich an der Flasche Eistee fest, während wir die Dorfstraße entlangfahren. Denke an Luca und mich mit blauen Flecken an den Knien. Auf der Schaukel mit Eistee. Zehn Jahre alte Erinnerung, aber der Eistee schmeckt immer noch danach.

Die Dorfstraße ist so schmal, dass gerade einmal zwei Autos aneinander vorbeifahren können. Über die letzten Jahrhunderte hinweg haben wahrscheinlich viele Seitenspiegel dran glauben müssen. Für den Bus allerdings ist die Dorfstraße einspurig, er duldet niemanden neben sich. Hier hätte sich selbst der Braunbär nicht hingelegt, denke ich. Wir halten an einer Bushaltestelle, die direkt vor einem Supermarkt liegt. Und jetzt erinnere ich mich wieder. Dieser Supermarkt ist beim ersten Besuch vor vielen Monaten eine schwere Enttäuschung gewesen. In keinem der Regale habe ich Kekse mit Kokosraspeln finden können. Aus Protest habe ich eine Packung Haferkekse geklaut, aber die schmeckten genauso dröge, wie es das Bild auf der Packung versprochen hatte. Auf der linken Seite, schräg gegenüber vom Supermarkt, gibt es ein Café, das ziemlich neu aussieht. Ein paar Leute sitzen an kleinen, runden Tischen auf dem Bürgersteig. Vor vielen Monaten ist das Café noch eine Metzgerei gewesen, ich erinnere mich an ein aufgemaltes Schwein an der Hausfassade, die nun frisch gestrichen ist. Wenn man genau hinsieht, blitzt rechts neben dem neuen Caféschild noch der Hintern des Schweins hervor.

Der Bus fährt weiter die Dorfstraße entlang und bremst an drei Haltestellen, es steigen kaum Menschen und zwei Hunde aus, bis nur noch ich und der Koffer im Bus sitzen. Als wir wieder an dem Schweinehintern vorbeikommen, wird mir klar, dass wir im Kreis gefahren sind, und ich frage mich, ob sich der Busfahrer gerade für das Papierkügelchen rächt, indem er so lange mit mir im Kreis fährt, bis ich ihm in den Bus kotze. Kaum habe ich das gedacht, biegt der Bus links ab, und der Busfahrer sagt: «Endstation.»

Die Endstation ist gleichzeitig der Dorfplatz. An seinem Rand stehen locker aufgereiht zweistöckige Häuser und eine Kirche. Es gibt eine Bäckerei, vor der auch Tische und Stühle aufgebaut sind, aber keine Menschen sitzen. Eine Kneipe mit heruntergelassenen Rollläden, die noch geschlossen hat oder nicht für jeden geöffnet ist. Der Bus hält vor einem Frisörsalon, und durch die Fenster des Salons sehe ich eine ältere Person, die sich in die Haare fasst und ein paar Ponyfransen in die Höhe hält. Ein Mensch hört ihr zu, ungefähr so alt wie ich scheint er zu sein. Seinen eigenen Pony hat er sich mit einem roten Haarreif aus dem Gesicht geschoben. Dabei hat er nicht wirklich lange Haare, hinten gehen sie ihm gerade mal bis in den Nacken. Leicht wellig sind sie, und sie glänzen in Zartbitter.

Als ich und der Koffer aussteigen wollen, hält uns der Busfahrer zurück.

«Zu Besuch, oder wohnst du jetzt hier?», fragt er.

«So in der Art dazwischen», halte ich die Antwort vage.

«Dann hör mir mal zu.» Der Busfahrer stützt den Unterarm auf seiner Kasse ab und beugt sich ein wenig nach vorn. «Du bist unter 18, oder? Keinen Führerschein und wahrscheinlich nicht viele Menschen, die dich mögen.» Ich nicke und schüttele gleichzeitig den Kopf. Eine Verwirrungstaktik, die bei manchen Leuten funktioniert, aber offensichtlich nicht bei diesem Busfahrer, denn er redet unbeirrt weiter.

«Also bin ich deine einzige Verbindung zur Außenwelt», sagt er mit tiefer Stimme und verengt seine Augen zu zwei Schlitzen. «Verscherz es dir nie mit dem Busfahrer, wenn du hier wohnst.»

«Keine Papierkügelchen mehr», verspreche ich hastig, weil mich sein Auftritt mit der tiefen Stimme und den Augenschlitzen doch ein wenig beeindruckt.

«Oder ich lasse dich hier verrotten», setzt er nach, bevor ich endlich aussteigen darf.

Der Busfahrer erinnert mich an den Hausmeister, und der Koffer rollt plötzlich viel leichter hinter mir her, weil ich schon bei der Ankunft im Dorf einen Menschen gefunden habe, der noch ein Herz besitzt.

ICH ÜBERQUERE den Dorfplatz und gebe die Adresse vom Ex-Freund in den Routenplaner ein. Er schickt mich links die Dorfstraße hoch, dann rechts in eine Seitenstraße. Rechts, links, rechts, die Verwirrungstaktik der Navigationssysteme, die bei mir immer funktioniert. Doch bevor mir schwindelig wird, erreiche ich schon das Haus, in dem der Ex-Freund wohnt. Es ist weiß verputzt, ein bisschen grau vielleicht.

Als meine Mutter und ich vor vielen Monaten im Dorf gewesen sind, haben wir das Haus gar nicht zu Gesicht bekommen. Wir haben uns mit dem Ex-Freund vor dem Supermarkt getroffen und sind in seinem Auto raus zu einem See gefahren, damit meine Mutter und der Ex-Freund noch mal ‹in Ruhe über alles reden› konnten. Ich blieb im Auto auf der Rückbank sitzen und würgte mir die Haferkekse rein, während die beiden um den See gingen und versuchten, nicht miteinander zu streiten. Irgendwann kamen sie zurück, beide mit verschränkten Armen, und der Ex-Freund fuhr uns in die Stadt zum Bahnhof. Warum wir den ganzen Aufwand betrieben hatten, mit den Umstiegen und Zügen und Bahnhöfen, und vor allem, warum ich hatte dabei sein müssen, wollte mir nicht so richtig einleuchten, schließlich hätten sie auch telefonieren oder schreiben können, aber ich sah das zerknüllte Taschentuch in der Hand meiner Mutter, sah ihre geröteten Augen, und deshalb sagte ich nur mit größtmöglicher Verachtung in der Stimme: «Nie wieder fahren wir da hin, die haben noch nicht mal Kekse mit Kokosraspeln», und war mir sicher, dass sie das ein wenig tröstete.

Nun stehe ich vor der Haustür, sie ist dunkelblau gestrichen, an manchen Stellen blättert die Farbe ab. Die Klinke wird von innen heruntergedrückt, und der Ex-Freund erscheint in der Türöffnung. Du bist aber klein geworden, denke ich erstaunt. Während er bei uns gelebt hat, ist er größer gewesen, zwei Handbreit mindestens. Entweder es liegt am Dorf, oder ich bin ihm schon jetzt über den Kopf gewachsen.

«Schön, dass du da bist», sagt er. Ich muss den Blick ein wenig senken, damit ich ihm in die Augen gucken kann, und in seinen Augen, da blitzt etwas auf, das Angst sein könnte. Wahrscheinlich ist ihm erst in diesem Moment klar geworden, worauf er sich eingelassen hat – und er weiß noch nicht einmal von der Sache im Treppenhaus.

So oder so, ist mir und dem Koffer egal. Denn er kann nicht mehr zurück, seine Tür steht uns offen. Ich stelle schnell einen Fuß auf die Schwelle und bemerke dabei die Filzpantoffeln.

Der Ex-Freund trägt ein gestreiftes Hemd und Jeans und einen Zehntagebart, so kenne ich ihn, aber die Filzpantoffeln an seinen Füßen, die sind mir neu. Und kaum habe ich sie bemerkt, deutet der Ex-Freund auch schon auf die Turnschuhe und fragt: «Könntest du vielleicht …?»

Wenn die Regeln immer die anderen machen, ist es doch

kein Wunder, dass man sich ständig irgendwo stößt. Aber für den Augenblick bleibt mir nichts anderes übrig, als die Schuhe auszuziehen und nebeneinander vor die Haustür zu stellen.

Ich lehne die angebotenen Plüschpantoffeln ab, folge dem Ex-Freund auf Wollsocken durch den Flur.

Über hellbraune Fliesen laufen wir in das Wohnzimmer, vorbei an einem ovalen Esstisch mit sechs Stühlen, vorbei an braunen Ledermöbeln, und durch die Terrassentür gelangen wir schließlich in einen kleinen Garten.

Dort sitzt ein altes Wesen in grauer Stoffhose und weißer Seidenbluse, die bis oben hin zugeknöpft ist. Sitzt auf einem Gartenstuhl aus Plastik. Das ist sie also, die Tante. Neben ihr auf dem Tisch stehen eine Glaskanne mit Tee und eine kleine Porzellanschale. Mit Haferkeksen. Sie sieht mich mit gerunzelter Stirn von oben bis unten an, vielleicht wegen der kurzen Haare, vielleicht wegen des Pickels neben dem linken Mundwinkel, vielleicht wegen des Eisteeflecks auf dem grellgrünen T-Shirt, und zum zweiten Mal an diesem Tag denke ich an Luca, denn sie hat auch immer Flecken auf dem T-Shirt gehabt. Seit ein paar Tagen, seit dem Blaulichtgewitter vor unserem Haus, muss ich ohnehin oft an sie denken.

Als die Tante die Wollsocken sieht, eine rot gepunktet, eine orange, zieht sie ihre Augenbrauen hoch.

«Tja. Das ist sie also», sagt sie und betrachtet wieder den Eisteefleck.

«Schön, dich kennenzulernen», erwidere ich und bin

überrascht, wie freundlich meine Stimme klingen kann, wenn ich mir nur Mühe gebe.

«Sie.» Die Tante hingegen gibt sich keinerlei Mühe. Weder ist sie freundlich noch verständlich.

«Ich?», frage ich deshalb lieber nach.

«Nein, ich.»

«Ach, du.»

«Sie», sagt die Tante noch einmal, und bevor ich wieder «Ich?» fragen kann und wir im Kreis fahren wie der Bus auf der Dorfstraße, schiebt sie «Schön, *Sie* kennenzulernen» hinterher. «*Du* sagst bitte *Frau Geissler* zu mir.» Die Plüschpantoffeln sind wohl nur der Anfang gewesen.

Doch ich habe mir fest vorgenommen, dass ich das hier nicht vermasseln werde. Ich werde die Turnschuhe ausziehen und brav nebeneinanderstellen, ich werde die Tante ‹Frau Geissler› nennen, wenn sie das will, und ich werde sogar noch einmal Haferkekse essen und «Mmh, köstlich» sagen. Ich werde das hier nicht vermasseln. «Bitte benimm dich, wenn du bei ihnen bist», hat mich meine Mutter angefleht, und ich werde ihr und mir beweisen, dass die Sache im Treppenhaus wirklich ein Unfall gewesen ist, dass der Mensch vom Schulamt unrecht gehabt hat und dass es für mich nicht nur Türen aus Holz und Metall gibt. Ich werde beweisen, dass ich das hinbekomme, wenn ich mich nur genug anstrenge. Das Papierkügelchen im Bus ist ein letzter Ausrutscher gewesen, eine misslungene Generalprobe. «Sie haben wirklich einen schönen Garten, Frau Geissler», sage ich und bewundere gemeinsam mit dem Ex-Freund die blühenden Rosensträucher, gehe in Socken über die gemähte Rasenfläche, streiche mit der Hand ganz sanft über den Schnittlauch im Hochbeet und rieche am Lavendel, ich strenge mich mächtig an – während die Tante ausdruckslos auf ihrem Gartenstuhl sitzen bleibt.

Bevor ich eine Stunde später dem Ex-Freund und der Tante ins Wohnzimmer folge, knicke ich eine der Rosen ab und werfe sie auf die Erde. Ihre Blätter sind an den Rändern schon braun gewesen, sie wäre ohnehin bald verwelkt, deshalb zählt das nicht wirklich. Aber ab jetzt zählt es richtig, sage ich mir, ab jetzt wird nichts mehr vermasselt.

Die Tante sitzt nun auf dem braunen Ledersofa, und ich überlege noch, ob ich mich neben sie setzen soll, da sagt sie zu dem Ex-Freund: «Du kannst ihr jetzt das Zimmer zeigen.»

Wieder folge ich dem Ex-Freund durch das Wohnzimmer und den Flur. Er greift sich den großen Koffer, und wir steigen die hölzerne Treppe hinauf in den ersten Stock, wo keine Fliesen mehr liegen, sondern ein hellbrauner Korkboden. «Rechts ist das Bad», der Ex-Freund deutet auf eine Tür. «Links ist das Schlafzimmer meiner Tante. Und hier …», er öffnet die Tür in der Mitte, «… hier kannst du schlafen.»

Der Blick fällt sofort auf die grauen Metallregale, die vor den hellblau gestrichenen Wänden stehen. Ein Regal ist vollgestellt mit leeren Konservengläsern in verschiedenen Formen und Größen. In den drei anderen Regalen stehen die Gläser kopfüber auf ihren Schraubverschlüssen und sind mit farbigen Flüssigkeiten gefüllt. Auf einem Tapeziertisch vor dem Fenster liegen kleine Tierfiguren aus Hartgummi und Plastik. Drei Schritte sind es von der Tür bis zum Tisch. Ich nehme eine der Figuren in die Hand, es ist ein kleiner Pinguin, der mit seinen Flügeln einen glitzernden Stern hält.

«Das ist das Bastelzimmer meiner Tante. Schneekugeln macht sie», erklärt der Ex-Freund, «und Beruhigungsgläser.»

Ich stelle den Pinguin zurück auf den Tisch neben ein grinsendes Alpaka. Schneekugeln mit kleinen Pinguinen, grinsenden Alpakas und tanzenden Flamingos sind viel zu nett für die Tante, da hätte ich in den Gläsern eher menschliche Körperteile in Formaldehyd-Lösungen erwartet, eine abgetrennte Hand oder einen abgeschlagenen Fuß oder ein herausgerissenes Herz. Ein ausgestopftes Eichhörnchen mit vor Schreck aufgerissenen Augen, so etwas hätte ich erwartet. Aber Glitzersterne und die zugeknöpfte Seidenbluse gehören für mich definitiv nicht in den gleichen Gedanken. Sie ist mir ein Rätsel, die Tante. Und das soll auch so bleiben, denn ich habe nicht vor, dieses Wesen, das da unten auf dem Ledersofa sitzt, näher an mich heranzulassen. Schließlich will ich es nicht vermasseln.

«Das Sofa kannst du ausklappen», der Ex-Freund deutet auf eine violette Couch, die an der rechten Wand steht, «und Bettwäsche ...», er sieht sich suchend um, «Bettwäsche bringe ich dir gleich.»

Er lässt mich allein, nachdem er noch gesagt hat: «Du machst es dir erst mal gemütlich, nicht wahr?» Dabei hat er auf die vier leeren Regalfächer gedeutet, die für das nächste Jahr offensichtlich mir gehören sollen.

Ich setze mich auf das Sofa und denke, dass es voll in

Ordnung wäre, ja, vielleicht sogar richtig normal, wenn ich jetzt zu heulen anfange. Ich atme mehrmals tief ein, aber ich fühle die Tränen nicht, nur ein leichtes Ziehen irgendwo zwischen Herz und Schlüsselbein, und immer noch diese großen Hände, die gegen die oberen Rippen drücken, deshalb lasse ich es bleiben, stopfe stattdessen die Klamotten aus dem Rollkoffer in die vier Regalfächer. Wenigstens leuchten sie jetzt in allen Neonfarben des Regenbogens.

Ich höre die lauten Stimmen von dem Ex-Freund und der Tante, nur in Fetzen dringen die Worte zu mir.

Ex-Freund: ... Du ...

Tante: ... Auf keinen Fall ...

Ex-Freund: ... In meinem ...

Tante: ... Jetzt werd nicht ...

Ex-Freund: ... nie wieder ... Filzpantoffeln ...

Tante: ... Geradezu ... Unverschämtheit ...

Als wir später beim Abendessen sitzen, räuspert sich der Ex-Freund alle paar Minuten, und die Tante steckt sich eine Essiggurke nach der anderen in den Mund. Irgendwann ist das Glas leer. Der Ex-Freund räuspert sich immer noch, da sagt die Tante zu mir: «Herzlich willkommen, übrigens.» Der Ex-Freund räuspert sich ein weiteres Mal, die Tante presst zwischen schmalen Lippen hervor: «Und nenn mich doch Agnes.» Wenn die Blicke der Tante töten könnten, denke ich und versuche, möglichst neutral mit dem Kopf zu nicken, dann wäre der Ex-Freund reif für ein Glas mit Formaldehyd.

AM MORGEN darauf beginne ich mit der Suche nach einem Aushilfsjob. Haftpflichtversicherungen zahlen nicht für Kaffeemaschinen, die man aus Fenstern wirft, oder für kaputte Wohnungstüren, und sie zahlen auch nicht für zerbeulte Autos von Schuldirektoren, die einen grob am Arm gepackt haben – ja, ich habe das natürlich nicht vergessen –, noch nicht einmal für fliegende Untertassen zahlen sie. Zwei Wochenendschichten am Kiosk werden dieses Mal wohl kaum ausreichen, um meiner Mutter das Geld zurückzuzahlen.

Ich starte mit der Bewerbungstour im neuen Café. Die gesamte Inneneinrichtung ist wie aus einem Möbelkatalog für Elfen und Feen. Hier gibt es nur noch kiloweise Zucker und keine toten Tiere mehr, ich fühle mich sofort sanftrosa und mintgrün. In der Auslage neben der Kasse stehen kunstvoll verzierte Cupcakes neben Muffins, Brownies und Zimtschnecken. Wenn ich schon an einem neuen Ort lebe, an dem mir 2098 der 3000 Menschen komplett fremd sind, dann kann ich mich wenigstens neu erfinden, denke ich mir. Ich könnte eine fliederfarbene Schürze anziehen und ein Mensch werden, der entspannt lächelt, der mal eine Umarmung schenkt, mal einen Gratiskaffee, und zwar immer zum richtigen Zeitpunkt. Es kribbelt in meinen beiden großen Zehen, so sehr spüre ich, wie sich mein Leben gerade in eine zehnteilige Wohlfühlserie verwandelt.

Ich begrüße die Bedienung, als würde ich sie schon ewig kennen, erfreue mich an ihren schwarzen Locken, ihren Lachfältchen, ihren weißen Zähnen, und ich bin mir sicher, dass sie heimlich in den Dorfschullehrer verliebt ist. Nur ein dunkles Geheimnis wird ihrem Glück noch zwei Staffeln lang im Wege stehen, oder ein Alkoholproblem. Natürlich kein allzu dunkles Geheimnis und kein allzu großes Alkoholproblem, schließlich leben wir hier in einer Wohlfühlserie.

Innerlich hüpfend gehe ich zu ihr. «Ich würde gerne hier arbeiten, wirklich sehr gerne», sage ich und strecke die Hände nach vorn, um die Schürze und das neue Ich entgegenzunehmen. Doch als ich sehe, dass die Lachfältchen im Gesicht der Bedienung verschwinden, da ahne ich schon, dass in dieser Wohlfühlserie keine Rolle für mich vorgesehen ist. «Momentan kann ich mir noch keine Aushilfe leisten», sagt sie und zieht ihre linke Schulter ein paar Zentimeter in die Höhe. Cafébesitzer in Wohlfühlserien müssen sich nie Sorgen um ihre finanzielle Situation machen oder höchstens mal eine Folge lang, bis eine Party die leere Kasse füllt oder der böse Investor aus dem Dorf vertrieben worden ist. Nun sehe ich auch ihre dunklen Augenringe, die sie versucht hat, unter der Schminke zu verstecken, sehe ihre Zähne, die im Licht der Realität plötzlich gar nicht mehr so weiß wirken. «Aber am Notizbrett hängen manchmal Stellenangebote», sagt die Cafébesitzerin. «Am Notizbrett im Supermarkt.» Und sie schenkt mir einen Muffin von gestern, weil sie ein Mensch ist, der immer genau weiß, wann dafür der richtige Zeitpunkt ist.

Am Notizbrett im Supermarkt finde ich zwischen ‹Wer hat Minka gesehen. Belohnung!› und ‹Mitspieler für unsere Doppelkopfrunde erwünscht. Nur Männer!› einen Aushang, der mit Kugelschreiber geschrieben worden ist: ‹Aushilfe für Wochenendschichten an Tankstelle gesucht. Melden bei Sascha!›. Wahrscheinlich hatte mir der Zucker kurzzeitig das Gehirn verklebt, niemals im Leben bin ich sanftrosa und mintgrün. Eine Tankstelle passt viel besser zu mir.

Ich reiße gar nicht erst einen Schnipsel mit der Telefonnummer ab, sondern stecke direkt den ganzen Zettel in die Tasche. Nur um sicherzugehen, falls gerade von den 3000 Menschen im Dorf noch andere auf der Suche nach einem Aushilfsjob sind. Ich zögere einen Moment, dann reiße ich auch den Zettel der Doppelkopfrunde ab und zerknülle ihn.

Ich mache mich auf den Weg zur Tankstelle, sie liegt an der Landstraße, zu Fuß knapp eine halbe Stunde vom Dorf entfernt.

Den Tankstellenbesitzer erkenne ich sofort an einem Tuch mit Ölflecken, das er in seinen Händen hält.

Ich fische den Zettel mit dem Jobangebot aus der Tasche, und er fragt nur: «Schon 18? Wegen der Spätschichten und Arbeitsschutz und dem ganzen Ärger.»

«Logisch», sage ich und trete sofort die erste Schicht an, bevor es sich der Tankstellenbesitzer noch einmal anders überlegen kann.

«**DU BIST** neu hier, richtig?» Den Typen vom Frisörsalon erkenne ich sofort an seinem roten Haarreif. Ich öffne den Mund, um ihm zu antworten, aber er schiebt direkt «Wohnst im Neubaugebiet?» hinterher. Und erst nach «Bei Frau Geissler und ihrem Neffen?» scheinen ihm Luft und Fragezeichen auszugehen.

«Richtig. Aber als Neubaugebiet würde ich es nicht bezeichnen, ist doch alles ziemlich angegraut. Und ich darf Agnes zu ihr sagen», erwidere ich in einem Rutsch. «Nur die da?» Ich zeige auf die drei Schokoriegel, die der Typ vom Frisörsalon auf die Verkaufstheke gelegt hat, denn jetzt darf ich die Fragen stellen: «Oder willst du noch tanken?»

Inzwischen arbeite ich seit zwei Wochenenden an der Tankstelle, und der Tankstellenbesitzer scheint zufrieden zu sein. Die wenigen Menschen, die hier reinkommen, haben es wahnsinnig eilig, sie sind auf der Durchfahrt oder auf dem Weg zur Autobahn, wollen nur schnell für Diesel, Super oder E10 zahlen und sind schon wieder weg, bevor ich sie überhaupt begrüßen kann. Zwischendurch hole ich ein paar Colaflaschen oder Chipstüten aus dem Lager, um die Regale aufzufüllen, aber eigentlich werde ich dafür bezahlt, dass ich mir stundenlang irgendwelche Tiervideos ansehe.

«Quatschi banananana, tanken.» Nur der Typ aus dem Frisörsalon scheint alle Zeit der Welt zu haben. «Hast du nicht mein Fahrrad gesehen?» Er zeigt nach draußen auf ein klappriges Fahrrad, das an einer der Zapfsäulen lehnt. «Das ist noch das alte Fahrrad von meiner Mutter, aber sie hat jetzt ein E-Bike? Weil sie sich genug abgetrampelt hat im Leben, sagt sie. Abgestrampelt, meint sie natürlich, aber so redet sie tatsache. Und mein Fahrrad wurde geklaut. Bescheuert, oder? Denkt man doch echt nicht, dass das hier im Dorf passiert? Kann ja keiner mit rumfahren, so von wegen ich würde das Rad sofort erkennen. Aber jetzt spare ich für ein Auto? Da möchte ich nichts von dem Geld für unnötigen Kram ausgeben. Und deshalb das Fahrrad von meiner Mutter, das stand ja sowieso nur ...»

«Natürlich habe ich das Fahrrad gesehen», unterbreche ich den Typen vom Frisörsalon komplett genervt, weil er so viel redet und damit gegen alle ungeschriebenen Gesetze der Tankstelle verstößt. «Aber das hier ist schließlich eine Tankstelle, und da tankt man, an einer Tankstelle. Es muss also einen Grund geben, warum du vom Dorf bis hierhin fährst, zu einer Tankstelle, und dann für die Schokoriegel sogar mehr Geld bezahlst als im Supermarkt. Oder gibt es ...», ich schaue auf die verpackten Schokoriegel und lese den Aufdruck, «Erdnussbutterschokoladenriegel etwa nicht im Supermarkt?»

Kurz denke ich wieder an die drögen Haferkekse, alles in mir schüttelt sich.

«Ich habe gesehen, wie du aus dem Bus gestiegen bist»,

sagt der Typ vom Frisörsalon, und ich kann schwer einschätzen, ob das die Frage beantworten soll, oder nur eine Verwirrungstaktik ist. «Mit dem riesigen Koffer? Hier steigen fast nie fremde Menschen mit Koffern aus dem Bus. Also, hier kommt niemand hin, um einfach nur Urlaub zu machen.» Irritiert schaue ich auf seine Hände, mit denen er wild durch die Luft gestikuliert. «Ist aber auch nicht so, dass alle nur wegwollen? Das gibt es ja auch, solche Dörfer, in denen keiner mehr leben will. So schlimm ist das bei uns nicht. Wir sind tatsache nicht hübsch genug für Urlaub und nicht hässlich genug, um verlassen zu werden. Wobei ich jetzt nicht sagen will, dass das Äußere? Du weißt schon, also nicht, dass du das falsch verstehst, so von wegen ...»

«Ich habe dich auch gesehen, im Frisörsalon». Zum zweiten Mal unterbreche ich ihn, weil er von selbst offenbar kein Ende findet.

«Echt?», sein Mund bleibt leicht geöffnet, ich kann kaum glauben, dass ich ihn sprachlos gemacht habe. Er hat braune Augen. Und drei kleine Muttermale an seiner Schläfe. Man könnte meinen, er hätte sich selbst verziert. Ich frage mich, woran er wohl denkt, wenn er mich so mustert wie ich ihn. Und ich bezweifele, dass dem Typen dabei auch die Cupcakes aus dem Café einfallen.

Vielleicht denkt er gerade an Löffelbiskuits.

Oder an ein altes Geschirrhandtuch.

Ich schiebe die drei Schokoriegel über die Verkaufstheke in seine Richtung und sage: «Ich muss weiterarbeiten.»

Er schaut sich um. Natürlich ist kein anderer Kunde weit

und breit zu sehen, aber was weiß der Typ vom Frisörsalon schon über meinen Job?

Ich drücke den Play-Button auf dem Handydisplay, und ein Video startet. ‹Die zehn lautesten Tiere der Welt›. Ein Elefant trompetet, und ich höre, wie ein paar Münzen auf die Geldschale gelegt werden.

«Stimmt so», sagt er.

«In Ordnung.»

«Ich heiße übrigens Janne.»

«Auch in Ordnung.»

«Und du?»

Ich schaue hoch und überlege, ob ich ‹Aushilfstankstellenmitarbeiterin› sagen soll, aber dann antworte ich doch: «Kim», während ein Pistolenkrebs seine Scheren schließt.

Der Typ vom Frisörsalon nickt und lächelt. Sogar im Licht der Realität hat er weiße Zähne, mit einer winzigen Lücke zwischen dem mittleren und dem seitlichen Schneidezahn.

«Wir sehen uns bestimmt noch mal. Du bleibst ja länger hier?» Er nimmt die drei Schokoriegel und dreht sich um, ohne eine Antwort abzuwarten. Wahrscheinlich will er das letzte Fragezeichen haben.

«Nennt ihr das wirklich Neubaugebiet?», frage ich schnell, weil ich ihn nicht so leicht davonkommen lassen will. «Wann wurden die Häuser denn gebaut?»

«Schon eine Zeit vor meiner Geburt. Vor 20 Jahren oder so?»

Der Typ vom Frisörsalon verlässt den Verkaufsraum, bevor ich ihm noch ein Fragezeichen hinterherschicken kann.

MEINE MUTTER schickt mir jeden Abend eine Nachricht. «Wie war dein Tag?», fragt sie. Meine Kontaktliste ist leer, kein einziger Name ist abgespeichert, da bin ich konsequent. Aber die Handynummer meiner Mutter, die kenne ich auswendig. Jeden dritten Abend ruft sie an. Ich drücke immer auf den grünen Hörer, wenn das Display leuchtet und ihre Nummer erscheint, obwohl ich nicht gerne telefoniere. Ich habe geglaubt, dass ihr Herz leichter werden wird, sobald ich weit weg bin von ihr, aber am Telefon klingt sie so wie immer. Wenigstens tut ihr Kopf nicht mehr weh.

Ich erzähle von dem Job an der Tankstelle und dass alles ziemlich gut läuft, auch in der Schule. Ich rede fast so viel wie der Typ vom Frisörsalon.

Jeden Morgen steige ich in die Linie 258, reiße beide Hände in die Luft und rufe «Keine Papierkügelchen!», während ich am Busfahrer vorbeigehe. Der Busfahrer findet mich immer noch nicht lustig, aber wenigstens lässt er mich nicht im Dorf verrotten.

Am ersten Tag in der neuen Schule habe ich morgens im Büro des Sandkastenkumpels gesessen. Auch hier stehen Aktenordner, viele Aktenordner. Es stehen aber keine Bilder auf dem Schreibtisch. Entweder hat er keine glückliche Familie, oder er hat eine Familie, die so glücklich ist, dass er es überhaupt nicht nötig hat, das Glück mit irgendwelchen Fotos auf dem Schreibtisch zu beweisen. In diesem Büro gibt es keine einzige Zimmerpflanze. Noch nicht mal eine traurige, die halb vergessen in der Ecke steht. Dafür steht dort eine aufgerollte Yogamatte, und daneben liegen zwei Fünf-Kilo-Hanteln.

«Ich bringe dich in die Klasse 9c, da hast du jetzt Deutsch bei Herrn Reibert, das ist dein neuer Klassenlehrer», sagt der Sandkastenkumpel an meinem ersten Tag und erhebt sich schon während des Satzes vom Stuhl, auf dem er gar nicht richtig gesessen hat. Ich kann mir nicht vorstellen, dass er es als Kind jemals länger als drei Sekunden im Sandkasten ausgehalten hat. Er ist bestimmt immer am Klettergerüst entlanggehangelt und hat sich ab und zu mal in den Sandkasten zum Ex-Freund fallen lassen, der mit Förmchen, Schaufel und Eimer damit beschäftigt gewesen ist, einen riesigen Wolkenkratzer zu bauen.

Blitzschnell ist der Sandkastenkumpel an der Tür und im Flur verschwunden, so schnell kann ich gar nicht gucken.

Im Dauerlauf hasten wir durch die Gänge, bis er vor einer Tür im zweiten Stock langsamer wird.

«Ich wünsche dir viel Spaß und grüß den René.» Der Sandkastenkumpel klopft mir fest auf die Schulter und hastet um die nächste Ecke.

Es hat schon vor einer Viertelstunde zum Unterricht geklingelt. Schwänzen hilft jetzt auch nicht weiter, denke ich und öffne die Tür zum Klassenzimmer. Jemand schreibt gerade mit blauer Kreide ‹Der Dialog› an die Tafel. Ich gehe davon aus, dass das der Klassenlehrer ist, weil er eindeutig den stärksten Bartwuchs im Raum hat. Er dreht sich um und schaut mich verwundert an.

«Kim», sage ich.

«Ach ja, genau.» Er dreht sich zurück zur Tafel, macht mit gelber Kreide einen dicken Strich unter ‹Der Dialog› und scheint mich bereits im nächsten Moment vergessen zu haben.

Ich entdecke in der vorletzten Reihe einen freien Stuhl am Fenster und setze mich.

Auf dem Stuhl neben mir sitzt ein Geschöpf mit strähnigen braunen Haaren und fester Zahnspange. Dass neben dem Mädchen mit der Zahnspange ein Platz frei gewesen ist, kann nur zwei Dinge bedeuten. Entweder es will keiner neben ihr sitzen. Oder es darf keiner neben ihr sitzen. Alleine am Zweiertisch sitzen nur die Außenseiter. Oder die steilen Chaoten, die vom Klassenlehrer zwangsversetzt worden sind.

Kaum habe ich mich hingesetzt, beginnt das Mädchen am Ende ihres Bleistifts zu kauen. Es nagt wohl an ihr, dass sie von nun an den Tisch mit mir teilen muss.

Am nächsten Tag lege ich zwei Kekse mit Kokosraspeln auf ihre Seite des Tisches. Die Kekse habe ich in einem Supermarkt direkt neben der Schule entdeckt. Seitdem habe ich das Gefühl, dass ich die Zeit im Dorf vielleicht doch überleben werde. Ich schiebe die Kekse noch zwei Zentimeter weiter auf die andere Seite des Tisches. ‹Ich nehme dir garantiert nichts weg›, sollen sie sagen. ‹Ich will einfach nur aus dem Fenster gucken.› Als ich das nächste Mal hinsehe, sind die Kekse verschwunden.

«Schmecken besser als Bleistifte», raune ich dem Mädchen mit der Zahnspange zu. Inzwischen weiß ich, dass ihre Stifte ohne Ausnahme angenagt sind.

Das Mädchen mit der Zahnspange grinst, und überall zwischen den Drähten hängen weiße Kokosraspeln.

Alle anderen Menschen, die mit mir im Klassenraum sitzen, achten gar nicht auf mich. Obwohl es bis zu den Sommerferien noch ein paar Wochen sind, haben sie bereits mit dem Schuljahr abgeschlossen, beschäftigen sich weder mit neuem Stoff noch mit neuen Leuten in der vorletzten Reihe. Da sind sich Schule und Reality-TV ziemlich gleich. Die Teilnehmer, die noch zum Schluss reinkommen, die interessieren niemanden mehr, weil die Show längst gelaufen ist.

Und auch der neue Klassenlehrer vergisst ständig, dass es mich gibt. Wenn ich wieder einmal bemerke, dass sein Blick mich streift und sich seine Stirn in Falten legt, weil er nicht weiß, wer sich da mit knallgelbem Shirt in seinen Unterricht geschlichen hat, sage ich: «Kim», und er sagt: «Ach ja, genau», und erklärt uns dann weiter, was eine Dialoganalyse ist.

Das Mädchen mit der Zahnspange und ich teilen uns friedlich den Tisch und die Kekse, manchmal leiht sie mir sogar ihr Geodreieck. Sie müffelt ein wenig aus dem Mund, das liegt wahrscheinlich an der festen Zahnspange und irgendwelchen Bakterien. Aber ich habe nicht vor, mit ihr im Unterricht zu tuscheln und die Köpfe zusammenzustecken, deshalb kann ich mit ihrem Mundgeruch leben. Ich gucke ohnehin die meiste Zeit aus dem Fenster.

Das Haus der Tante ist eine einsame Insel. Den Ex-Freund sehe ich kaum. Er arbeitet für eine Firma, die Bürokomplexe in verschiedenen Städten hochzieht, und als Baustellenleiter ist er dafür verantwortlich, dass es überall ordentlich läuft. Wenn er dann mal zu Hause ist, hält er sich die meiste Zeit in seinem Zimmer auf, ein Kellerraum neben der Waschküche. Er hört traurige Musik, vielleicht denkt er manchmal an meine Mutter. An Sonntagen setzt er die Tante auf den Beifahrersitz seines Autos, und sie machen irgendwelche Ausflüge, «Hauptsache, grün», sagt der Ex-Freund, «Hauptsache, keine Menschen», sagt die Tante. Bevor sie losfahren, klopft der Ex-Freund an die Tür des Bastelzimmers und fragt: «Willst du mitkommen?» Ich bin froh, dass ich durch die Tür rufen kann: «Eigentlich voll gerne. Aber ich muss doch zur Tankstelle», und damit dem Rücksitz entkomme.

Zusammen am Esstisch haben wir nur am ersten Abend gesessen. Seitdem gilt, dass ich alles essen darf, was ich im Kühlschrank oder in der Vorratskammer finde.

Wenn ich mir abends einen Joghurt aus der Küche hole, sehe ich manchmal die Tante am Esstisch sitzen. Ganz dünn schmiert sie die Butter auf eine Scheibe Graubrot, und nachdem sie Salami oder Schinken daraufgelegt hat, schneidet sie die Scheibe in der Mitte durch. Keine Ahnung, warum, aber bei belegten Broten bekomme ich Beklemmungen, das ist schon im Kindergarten so gewesen.

Neben dem Teller der Tante steht immer ein Glas mit Essiggurken. Ob sie so viele Essiggurken isst, weil sie die Konservengläser braucht, oder ob sie so viele Gläser hat, weil sie Essiggurken liebt, habe ich noch nicht herausgefunden. Aber ich kann mir kein anderes Lebensmittel vorstellen, das besser zu der Tante passen würde. Wenn ich eine Zimmerpflanze bin, ja, dann ist die Tante eine Essiggurke.

Komme ich nachmittags aus der Schule und betrete das Bastelzimmer, sitzt die Tante am Tisch. «Hallo, Agnes!», rufe ich dann laut, und sie wirft mir über die Schulter böse Blicke zu. Dass ich die Tante ‹Agnes› nennen darf, wird sie mir wohl nie verzeihen. Bevor sie das Zimmer verlässt, fragt sie jedes Mal: «Hast du in der Schule was angestellt?», aber bevor ich mein ‹Natürlich nicht› aufsagen kann, hat sie schon die Tür hinter sich zugeknallt.

Fast täglich stehen neue Schneekugeln im Regal. Die Tante sperrt Küken ein, Ferkel und Hundewelpen, Kälber und Katzenbabys. Vielleicht ist das ihre Rache, weil sie so alt ist. Dass sie alles einsperren will, was jünger ist als sie. Aber ich habe keine Angst davor, dass auch ich eines Tages in einem riesigen Konservenglas landen könnte. Denn ich bin nicht süß und niedlich, ich halte noch nicht einmal einen Glitzerstern oder ein Herz in den Händen.

Alle Schneekugeln und Beruhigungsgläser der Tante stehen unangetastet im Regal, worauf ich mächtig stolz bin. Nur hin und wieder muss eine Rose im Garten dran glauben.

Aber selbst der Mensch aus dem Schulamt würde zugeben müssen: Ich habe mich im Griff.

ZU BEGINN meiner dritten Wochenendschicht wartet der Tankstellenbesitzer im Verkaufsraum auf mich. An den letzten beiden Wochenenden hat er nur stumm mit dem Kopf genickt, so ungefähr in meine Richtung, und ist dann in seiner Werkstatt verschwunden, die hinter der Tankstelle liegt. Ich kenne ihn noch nicht gut, aber ich kenne ihn schon gut genug, um zu kapieren, dass er froh über jedes Wort ist, das er nicht sprechen muss. Diesmal bleibt er aber im Verkaufsraum stehen und knetet sein ölbeflecktes Tuch.

«Tut mir leid, dass ich das sagen muss», nuschelt er, «aber ich bezahle dich nicht fürs Videogucken. Müsstest auch mal fegen, Mülleimer leeren, Kaffeemaschine reinigen, Nachbestellungen machen, Boden wischen und vor allem ...»

Genau in diesem Moment betritt der Typ vom Frisörsalon den Verkaufsraum, und der Tankstellenbesitzer verstummt sofort.

«Ach», begrüße ich ihn schlecht gelaunt. Schließlich sind mir gerade die Tiervideos verboten worden, wer will da Sonnenschein erwarten. «Du schon wieder!»

«... freundlich zu den Kunden sein», knurrt der Tankstellenbesitzer.

«Wir kennen uns, Kim und ich», sagt der Typ vom Frisörsalon und lacht. «Das war nur Spaß, ja?» Er hebt seine Stimme am Ende des Satzes zum Fragezeichen, und genau wie am letzten Wochenende legt er drei Erdnussbutterschokoriegel auf die Theke. Ich muss gar nicht aus dem Fenster gucken, sein Fahrrad lehnt garantiert an Zapfsäule Nummer zwei.

Der Tankstellenbesitzer nuschelt irgendwas mit «junge Leute», nickt mit dem Kopf, so ungefähr in unsere Richtung, und verschwindet durch die Hintertür des Verkaufsraums, wahrscheinlich heilfroh, dass er gleich wieder alleine in seiner Werkstatt ist.

Der Typ vom Frisörsalon setzt sich auf den Hocker, der vor der Kaffeetheke steht. Er hat es nicht eilig, natürlich nicht. Die Kaffeetheke ist einfach nur die linke Hälfte der Verkaufstheke, aber die Kaffeemaschine steht dort, und in zwei Körben liegen Croissants und Laugenbrezeln, was den Namen dann doch irgendwie rechtfertigt.

«Ist für Leute, die Kaffee trinken!», sage ich immer noch schlecht gelaunt und zeige auf den Hocker. Wenn ich will, kann ich so wortkarg sein wie der Tankstellenbesitzer.

Der Typ sieht sich demonstrativ um. Über die linke Schulter, über die rechte Schulter, dann steht er sogar noch mal auf und stellt sich auf die Zehenspitzen. «Aber hier ist niemand?»

«Könnte aber sein, dass einer kommt!» Wenn der Typ vom Frisörsalon alle Fragezeichen der Welt für sich beansprucht, werde ich ab jetzt mit Ausrufezeichen zurückballern.

«Dann stehe ich einfach auf, schwöre auf das Fahrrad meiner Mutter. Das ist mir ziemlich heilig, wie du weißt.

Hab ich dir das Fahrrad schon vorgestellt? Ich glaube, es heißt Eugen, tatsache. Und ich habe mich übrigens gefragt, so von wegen ... wie kommst du eigentlich zur Tankstelle? Zu Fuß? Ich habe nämlich kein anderes Fahrrad gesehen, nur Eugen, und der Bus hält hier ja nicht ...»

«Ich muss weiterarbeiten!», sage ich, verschränke die Arme und schaue hinaus auf den Platz mit den Zapfsäulen.

«Keine Videos mehr?»

«Wurden mir verboten!»

«Und deshalb musst du jetzt die ganze Zeit hier stehen und nach draußen gucken?»

Wahrscheinlich ist es nicht exakt das, was sich der Tankstellenbesitzer von seiner Ansprache erhofft hat, aber ich werde bestimmt nicht vor dem Typen vom Frisörsalon auf die Knie gehen und die Regale auswischen. Ich gucke keine Tiervideos, das ist schon anstrengend genug.

«Wie gesagt», zische ich, «es könnte jemand kommen. Da muss man vorbereitet sein.»

Wieder lacht der Typ vom Frisörsalon. «Du bist echt lustig.»

Ohne dass ich etwas dagegen machen kann, löst sich mein Blick von den Zapfsäulen, und ich schaue zur Kaffeetheke, zum Hocker, zu dem Menschen mit den schwarzen Klamotten und dem roten Haarreif, der ständig lächelt und diese winzige Lücke zwischen dem mittleren und seitlichen Schneidezahn zeigt.

«Normalerweise finden mich Menschen nicht lustig», stolpern die Worte aus mir raus.

«Und Menschen finden, ich bin nicht normalerweise», antwortet der Typ, und es klingt wie bei mir, als ob wir beide zusammen ins Stolpern geraten sind. Plötzlich ist er viel näher an mich herangerückt, obwohl er noch immer auf seinem Hocker sitzt und ich hinter der Verkaufstheke stehe. Wir schauen uns an wie beim letzten Mal, als mir die drei kleinen Muttermale aufgefallen sind, jetzt sehe ich auch noch eine blasse Narbe, direkt am Haaransatz. Und ich frage mich, ob er bei mir schon die Narbe am Kinn bemerkt hat. Ein wackliger Stuhl und die Tischkante. Lucas lautes Lachen. Dann hatten wir das Blut gesehen und gemeinsam «Hilfe» gebrüllt. Aber warum soll er sie bemerken – ich hatte doch selbst fast vergessen, dass es sie gibt.

Der Typ senkt den Blick und schiebt die drei Schokoriegel hin und her, reißt die Verpackungsfolie an den Rändern leicht ein.

«Mein Opa ist im letzten Winter an einem Herzinfarkt gestorben?», sagt er, ohne seinen Blick wieder zu heben. «Deshalb kaufe ich hier die Schokoriegel. Das wolltest du doch wissen beim letzten Mal?»

«Weil dein Opa ...», beginne ich den Satz, aber ich habe keine Ahnung, wie er weitergehen soll, deshalb beende ich ihn seufzend mit «nein, verstehe ich nicht».

«Er war zu dick. Und da bin ich jetzt erblich vorbelastet? Das sagt auf jeden Fall Doktor Kleist. Unser Hausarzt?»

Langsam kapiere ich, dass der Typ vom Frisörsalon gar nicht so oft Fragezeichen meint, wie er sie sagt. Er hat die Verpackungsfolie des Schokoriegels losgelassen und gestikuliert wieder mit seinen Händen durch die Luft, aber die Bewegungen sind nicht mehr so wild wie am letzten Wochenende.

«Doktor Kleist findet, dass ich aufpassen muss, und wenn ich aufpassen muss, dann heißt das im Dorf tatsache, dass alle anderen mit aufpassen. Und die Schwester von Doktor Kleist, die arbeitet im Supermarkt, verstehst du jetzt?»

Er macht eine Pause, seine Hände sinken auf die Theke, und er sieht mich an. Manchmal ist ein Fragezeichen dann eben doch ein Fragezeichen.

«Das Dorf soll nicht wissen, dass du Schokoladenerdnussbutterriegel isst, kapiert», antworte ich. Ganz leicht juckt es hinterm linken Ohr. Seit ein paar Minuten habe ich den Gedanken nicht mehr so schlimm gefunden, dass er wegen mir hierhergekommen ist. Und dann sind es doch nur die Schokoriegel gewesen. «Wie alt bist du noch mal?»

«17.»

«Und wie alt war dein Opa?»

«71. Aber wenn ich jetzt nicht damit anfange, sagt Doktor Kleist, dann entgleist mir das im Alter total. Was Dingelding nicht lernt, lernt Dingeldong sowieso nicht mehr oder so ähnlich? Das lernt Hans nicht mehr, genau das sagt Doktor Kleist immer.»

«Wer ist Hans?»

«Musst du Doktor Kleist fragen.»

Ich zucke mit den Schultern. «Aber wenn du Hans nicht kennst, dann kann er dir doch ziemlich egal sein.»

Der Typ vom Frisörsalon steht vom Hocker auf und legt mit einem lauten Seufzer die Schokoriegel zurück in den

Pappkarton, der in den kleinen Regalen vor der Verkaufstheke steht, zusammen mit tausend anderen Schokoriegelpappkartons. Schokokeks, Schokosalzkaramell, Doppelschokohaselnuss, Weißeschokoladesupercrisp und so weiter. Allein vom Anblick bekomme ich Löcher in den Zähnen.

«Das Dorf hat schon recht.» Er starrt auf seine Hände, die nun leer sind. «Mein Bruder ist einen Kopf größer als ich und bestimmt 15 Kilo leichter. Obwohl man ja eigentlich sagt, so von wegen Muskeln sind schwerer als Fett? Und tatsache mag er sowieso keine Schokolade.»

Der Typ vom Frisörsalon steht direkt vor mir, nur die Verkaufstheke zwischen uns, und ich schaue auf sein schwarzes T-Shirt, das seinen Bauch ziemlich gut versteckt. Ich stelle ihn mir mit schwabbeliger Wampe und mit Waschbrettbauch vor. Aber in beiden Fällen bleibt es der Typ vom Frisörsalon, der ziemlich viel redet und manchmal stolpert.

«Willst du denn älter werden als 71?», frage ich.

Nachdem er «Vermutlich nicht» geantwortet hat, lege ich den Oberkörper auf die Theke und schiebe mich weiter nach vorn, bis ich kopfüber die Regale mit den Schokoriegeln erreiche und einen Schokoladenerdnussbutterriegel aus dem Karton fische, um ihn dem Typen vom Frisörsalon in die Hand zu drücken.

«Dann kannst du den auch essen, wenn du willst.» Ich hebe den Kopf ein wenig und bin ziemlich erschrocken, wie nah wir uns gerade sind, weil ich immer noch über der Theke hänge. Er riecht wie ein warmer Sommerregen. Und ein bisschen wie Lavendel im Garten der Tante. Er geht einen

Schritt zurück. Wahrscheinlich ist er genauso erschrocken wie ich. Trotzdem rutscht mir ein «Stinke ich?» heraus.

«Nein», sagt er eilig, «ich mag Kokosshampoo.»

Verlegen reißt er die Packung auf und beißt die Hälfte des Riegels ab, während ich zurück hinter die Verkaufstheke rutsche, und mit diesem Abstand scheinen wir uns beide wieder wohler zu fühlen.

«Sascha ist zwar auch manchmal im Dorf», sagt der Typ vom Frisörsalon mit vollem Mund, «aber du kennst ihn ja? Er redet nicht viel.»

«Sascha?» Ich bin ein wenig abgelenkt, weil ich noch über den Sommerregen und das Kokosshampoo nachdenke.

«Dein Chef.»

«Ach so.» Ich hatte den Namen vom Tankstellenbesitzer schon wieder komplett vergessen.

«Aber dass ich Janne heiße, das weißt du noch?»

«Logisch.»

Der Typ vom Frisörsalon schluckt den letzten Rest Schokoladenerdnussbutterriegel runter und lächelt glücklich. «Ich schneide ihm die Haare.»

«Wem?»

«Sascha.»

«Ach so.»

Der Pony vom Tankstellenbesitzer ist ziemlich schief, deshalb hatte ich bislang vermutet, dass er das Geld für den Frisör sparen will und seine Haare alleine vorm Spiegel schneidet. So wie ich ohnehin glaube, dass der Tankstellenbesitzer bei allen Dingen, die er tut, alleine ist.

«Du bist nicht sonderlich gut», stelle ich fest, und der Typ vom Frisörsalon sieht nicht so aus, als ob er mir widersprechen will.

«Ich bin im ersten Lehrjahr, vielleicht wird das ja noch? Und Sascha sagt, dass es ihm nichts ausmacht, wenn es ein bisschen schrebbelig ist. Er sagt, dass ihn hier sowieso kaum jemand sieht? Und außerdem muss er nur die Hälfte zahlen.»

«Trägst du deshalb den Haarreif, weil dein Pony genauso schief ist?»

Ich habe nur einmal im Leben einen Haarreif getragen, einen gelben Haarreif mit weißen Punkten. Meine Mutter hat ihn mir auf den Kopf gesetzt, aber im Kindergarten bin ich sofort in die Ecke mit den Stofftieren gelaufen und habe ihn dem Löwen in seine Mähne geschoben. Zu ihm hat er viel besser gepasst als zu mir.

«Nein, der gefällt mir einfach so. Ich habe noch einen silbernen? Aber den trage ich nur an Feiertagen.»

Der Typ vom Frisörsalon setzt sich wieder auf den Hocker an der Kaffeetheke, und diesmal habe ich gar nichts dagegen.

«Passt zu dir, der Haarreif», sage ich. «Und Frisör, das passt auch. Weil Frisöre so viel reden müssen.»

Der Typ vom Frisörsalon nickt langsam und murmelt: «Ich kann nur keine Haare schneiden.»

Draußen geht der Tankstellenbesitzer über den Platz zu den Zapfsäulen und schaut in unsere Richtung. Schnell schnappe ich mir einen grünen Lappen, der unter dem Verkaufsfenster liegt. Wenn das Verkaufsfenster um 22 Uhr geöffnet wird, darf kein Kunde mehr den Laden betreten. Zusammen mit dem Lappen gehe ich ein paar Schritte nach links zum Typen vom Frisörsalon.

«Das kommt ja vielleicht noch, sagst du doch selbst», murmele ich zurück, während ich über die Kaffeetheke wische. Der Tankstellenbesitzer soll sehen, dass ich nicht nur Tiervideos gucken kann.

«Rede ich zu viel?» Der Typ vom Frisörsalon bringt den Zuckerstreuer in Sicherheit, vor mir und dem Lappen. Der Streuer hinterlässt einen klebrigen Kreis auf der Theke, und ich stöhne genervt.

«Manchmal habe ich das Gefühl, ich bekomme keine Luft?», sagt er leise. «Und dann ist reden wie atmen. Als würde ich verschwinden, wenn ich schweige. Einfach nicht mehr existieren? So von wegen, wenn ich rede, dann weiß ich, dass es mich gibt. Das ist ...»

«Halt den Mund.» Es klingt schroffer, als ich es beabsichtigt habe. Wahrscheinlich liegt das an den angetrockneten Zuckerkristallen, die sich hartnäckig gegen mich und den Lappen wehren.

Der Typ vom Frisörsalon sieht mich überrascht an, immer noch mit dem Zuckerstreuer in der Hand.

Ich ignoriere seinen Blick und winke dem Tankstellenbesitzer mit dem Lappen zu. Er hebt den Daumen, lächelt sogar ein wenig. Dann wasche ich den Lappen im Spülbecken neben der Kaffeemaschine aus. Wenn man den Zuckerstreuer wieder exakt auf denselben Platz stellt, verschwindet auch der klebrige Kreis.

Ein grauer Kombi fährt an eine der Zapfsäulen. Wenig später betritt ein Mensch in Anzughose und blauem Hemd den Verkaufsraum. 63,20 Euro für E10. Und eine Zeitschrift über Süßwasserfische. In den Fächern mit den Zeitschriften, die an der Wand rechts neben der Eingangstür hängen, stecken fünf verschiedene Hefte übers Angeln. Angeln scheint hier ein großes Ding zu sein.

Als der Mensch wieder in seinen Kombi gestiegen ist, gehe ich zurück zur Kaffeetheke und sage: «Siehst du! Drei Minuten Stille und immer noch da. Musst echt keine Angst haben, du verschwindest schon nicht.»

Der Typ vom Frisörsalon prustet los. «Wie kann dich irgendwer nicht lustig finden?»

«Versteh einer die Welt», sage ich und hebe die Arme in die Luft. Er rückt mit dem Hocker noch näher an die Kaffeetheke.

«Warum wohnst du eigentlich bei Frau Geissler und ihrem Neffen? Es gibt da nämlich Gerüchte.»

Ich drehe mich zum Spülbecken. Menschen, die über mich reden, die kann ich schwer von mir wegschieben. Zu oft passiert es, dass sich ihre Worte gegen den Brustkorb drücken, sich in den Magen schleichen, in allen Gefäßen meines Körpers herumkriechen. Sie kommen mir nicht nur zu nah – sie dringen in mich ein. Der Mensch aus dem Schulamt, seine Worte treten immer noch von innen gegen mein linkes Schienbein.

Ich unterdrücke das Verlangen, die Kaffeemaschine durch das geschlossene Verkaufsfenster zu schmettern.

«Weil dich sieht man ja schon aus zwei Kilometer Entfernung?», sagt der Typ vom Frisörsalon fröhlich, er ahnt offensichtlich nicht, dass ich kurz davor bin, ihm seinen Haarreif vom Kopf zu reißen und in Milliarden Stücke zu zerbrechen oder nach draußen zu rennen, um sein klappriges Fahrrad gegen den nächsten Lkw zu schleudern. Ich schaue auf meinen Unterarm. Jeden Morgen schreibe ich darauf: Du vermasselst das nicht.

Ich atme tief durch. Ich kann nicht sagen, ob es drei oder dreißig Atemzüge sind. Von dem grünen Lappen reiße ich kleine Stücke ab und werfe sie in das Spülbecken, mit jedem Atemzug. Den Lappen wird niemand vermissen.

«Alles gut bei dir», höre ich hinter meinem Rücken. Ich weiß nicht, wie lange ich schon den Lappen zerfetze. Der Typ vom Frisörsalon muss so verdattert sein, dass er sogar das Fragezeichen vergessen hat.

Ich schaue ein weiteres Mal auf den Unterarm, der Atem geht ruhiger, und ich drehe mich um.

«Klar doch. Man sieht mich aus zwei Kilometer Entfernung.»

«Versteh mich nicht falsch? Aber deine Klamotten schreien: Schau mich an.» Der Typ vom Frisörsalon zeigt auf das neonpink karierte Hemd, das ich immer in der Tankstelle trage.

«Ich dachte, sie würden sagen: Bleib mir bloß vom Leib», erwidere ich.

«Interessant.» Der Typ vom Frisörsalon hebt sein Kinn ein wenig in die Höhe und kratzt sich an der Schläfe, als ob ich etwas Gewichtiges ins Universum geschossen hätte, über das er erst mal nachdenken muss.

«Was reden sie, die Menschen?», frage ich.

«Na ja, dass du seine Tochter bist. Aber das sind eher die langweiligen Theorien?» Sein Blick tastet mein Gesicht ab, vielleicht sucht er nach Ähnlichkeiten mit dem Ex-Freund. Augen, Nase, Mund, Wangenknochen. Vielleicht will er aber auch nur herausfinden, ob er weiterreden darf. «Manche sagen, du bist seine junge Geliebte.»

Ich achte auf meinen Brustkorb, auf meinen Magen, schaue auf die blauen Adern an der Innenseite meines Unterarms. Nichts passiert. Es sind nur Geschichten.

«Die alte Frau Paschulke denkt allerdings, du bist ein Kerl.»

«Dann bin ich also der junge Lover.»

«Vom Neffen.»

«Oder von der Tante.»

«Oder von beiden.»

«Aber auf keinen Fall so ein Pädo-Ding.»

«Nein», sagt der Typ vom Frisörsalon schnell, «Frau Paschulke denkt, du bist 21.»

«Dann ist ja gut.»

«Und drogenabhängig.»

«Was auch sonst.»

Es sind nur Geschichten. Und es sind fremde Menschen, die in einer anderen Galaxie leben könnten, so weit entfernt sind sie von mir. Sie können über mich reden, das juckt mich nicht, das juckt mich noch nicht mal hinterm linken Ohr.

«Und was glaubst du?», frage ich, weil ich nicht länger an Frau Paschulke denken will, wer immer sie auch ist, vielleicht eine Kuh mit frisch frisiertem Kopf.

«Dass ich dich schon noch kennenlerne?» Er steht vom Hocker auf. «Und irgendwann weiß ich, wer du bist.»

«Dann sag mir bitte Bescheid. Das würde ich nämlich auch gerne wissen.»

Der Typ vom Frisörsalon lacht, und langsam glaube ich wirklich, dass er mich lustig findet.

«Bin schon spät dran.» Er schnappt sich mit der rechten Hand zwei Schokoladenerdnussbutterriegel aus dem Pappkarton, bevor er die linke Hand zum Abschied hebt. «War schön, mit dir zu quatschen?»

Ich schenke ihm die Schokoriegel, schenke ihm das letzte Fragezeichen. Es ist Monate her oder auch Jahre, dass ich so lange mit einem Menschen geredet habe.

ALS ICH nach der Schicht an der Tankstelle das Wohnzimmer vom Ex-Freund und der Tante betrete, sitzen sie zusammen auf dem Sofa.

«Wie war der Ausflug?», frage ich und muss mich anstrengen, lauter zu sein als die Stimmen aus dem Fernseher.

«Schön.» Der Ex-Freund sieht mich an und lächelt. «Wir haben eine alte Freundin von Agnes besucht. Sie lebt in so einem Mehrgenerationenhaus. Ein ehemaliger Bauernhof ...»

«Alt ja. Freundin nein», unterbricht ihn die Tante barsch, ohne den Blick vom Fernseher zu wenden. Zwei Menschen in Anzügen werfen sich gerade Torten ins Gesicht. «Sie ist nur eine entfernte Bekannte.»

«Auf jeden Fall war es schön.» Das Lächeln im Gesicht des Ex-Freundes. Wie ein Gewichtheber, der eine vollgepackte Langhantel nach oben stemmen muss.

«Wenn du das sagst», murrt die Tante. «So ein Dreckmist, schon wieder Werbung.»

Schmeiß ihr doch bitte die 200 Kilo vor die Füße, denke ich. Oder von mir aus auch mitten auf den großen Zeh.

Wieder kommen mir die Geschichten aus dem Dorf in den Sinn. Der Ex-Freund ist nicht hier geboren, er besucht weder die Kneipe mit den heruntergelassenen Rollläden, noch gehört er zu der Doppelkopfrunde oder dem Häkelkreis, er geht nicht einmal in den Supermarkt an der Dorfstraße. Wäre das Dorf ein Schulhof, dann säßen der Ex-Freund und die Tante alleine in der Pausenhalle. Selbst der Tankstellenbesitzer würde draußen in der Raucherecke stehen.

Auf dem Bildschirm bleibt eine schlanke, braunhaarige Person mit ihrem Fuß an einem Stromkabel hängen. Sie stürzt, reißt eine Kristallvase und drei Laptops vom Tisch. Das Logo einer Versicherung wird eingeblendet. Es ist die Haftpflichtversicherung meiner Mutter, die sich weigert, für fliegende Kaffeemaschinen zu zahlen.

Doch der Ex-Freund ist keine Haftpflichtversicherung. Er hat geholfen, obwohl die Tante mich nicht will, obwohl Menschen Geschichten über ihn erfinden, obwohl er und meine Mutter schon lange nicht mehr zusammen sind. Und selbst wenn er es nur tut, um sie zurückzugewinnen oder irgendwas bei ihr wiedergutzumachen, selbst wenn er es mehr für sich tut als für mich, dann muss er es trotzdem mit mir aushalten. Mit mir und mit den Blicken der Tante, die ihn in Formaldehyd ertränken wollen.

«René, ich möchte mal sagen.» Ich mache zwei Schritte geradeaus und stelle mich vor den Bildschirm. Das ist nichts, was man einfach so zwischen Esstisch und Terrassentür aussprechen kann. «Weil ich hier wohnen darf und du das mit der Schule organisiert hast und halt der ganze Kram.»

René und die Tante sehen mich an, ihnen bleibt auch nichts anderes übrig, und ich bringe nur noch ein «Du weißt schon» heraus.

«Danke?», fragt er vorsichtig.

«Genau.» Ich richte beide Zeigefinger auf ihn und vermute, dass das so ungefähr wie eine Umarmung ist. «Genau das wollte ich sagen.»

Ich überlege, ob ich mich nun auch bei der Tante bedanken soll. Ich sehe ihr schlecht gelauntes Gesicht, sehe ihre Stirn, auf der noch mehr Falten sind als sonst, und da lasse ich es bleiben.

Als ich mich auf einen der Sessel setze, steht die Tante im gleichen Moment auf. Sie wankt ein wenig, muss sich noch einmal an der Sofalehne abstützen.

«Hast du Fieber?» Renés Stimme klingt nervös, fast ängstlich.

«Lass mich in Ruh.» Die Tante hat ihr Gleichgewicht wiedergefunden und steht freihändig auf zwei Beinen.

«Doktor Kleist ...»

«Lass mich in Ruh mit dem.»

Die Tante greift nach dem Essiggurkenglas, das auf dem niedrigen Tisch vor dem Sofa steht.

«Ich gehe in mein Bastelzimmer», sagt sie, während sie bereits in den Flur schlurft.

Die zwei Menschen im Anzug sind zurück auf der Bildfläche. Jetzt tragen sie Hüte, aus denen Stoffblumen in die Höhe wachsen.

«Worum geht's?», frage ich, denn offenbar muss ich es noch eine Weile im Wohnzimmer aushalten.

«Wer von beiden gewinnt.» René seufzt. «Aber im Grunde genommen geht es um gar nichts.»

Er nimmt die Fernbedienung und macht den Ton leiser. Die Energie zum Umschalten fehlt ihm wohl.

Die Kamera schwenkt ins Publikum, neben einer bärtigen Person mit Baseballcap sitzt jemand, der einen schmalen grünen Haarreif trägt. Sofort muss ich an den Typen vom Frisörsalon denken. Wie ein warmer Sommerregen.

«Wieso nennt man das hier eigentlich Neubaugebiet?» Das habe ich schon seit einer Woche von René wissen wollen, und wenn ich an den Typen vom Frisörsalon denke, dann sind da immer Fragezeichen in meinem Kopf. «Ist doch schon uralt?»

René zuckt mit seinen Schultern. «Manche Sachen bleiben auf ewig hängen. Den Supermarkt nennen auch alle noch ‹Vössings an der Ecke›, obwohl das seit mindestens sieben Jahren ein Edeka ist.»

«Aber wie lange wohnt die Tante denn schon hier?», bohre ich nach.

«Also.» René holt tief Luft, sinkt noch ein bisschen tiefer in die Sofapolster. Ich mache mich auf eine längere Antwort gefasst. «Meine Eltern und ich haben in der Stadt gelebt, zehn Minuten Fußweg von deiner Schule entfernt. Mit neunzehn bin ich ausgezogen, wie das eben so ist, und meine Eltern haben entschieden, aufs Land zu ziehen. Vor über 20 Jahren haben sie dann dieses Haus gebaut, damals war es wirklich ein Neubaugebiet, und sie wollten hier zusammen alt werden.» Noch einmal holt er tief Luft. «Das haben sie leider nicht geschafft.»

Gleichzeitig schauen wir auf ein Foto, das in einem goldenen Rahmen neben dem Bücherregal hängt. Renés Mutter in weißem Kleid und sein Vater, der ihre Hand hält. Beide glücklich. Mit einem Leben, das vor ihnen liegt. Das Foto ist alt, die Farben sind blass.

Ich habe gewusst, dass Renés Eltern vor vielen Jahren gestorben sind, noch bevor meine Mutter und er sich kennengelernt haben.

«Nach ihrem Tod stand das Haus leer, aber ich wollte nicht auf dem Land leben. Deshalb habe ich Agnes erlaubt, hier kostenlos zu wohnen. Elf Jahre ist das jetzt her.»

«Dann gehört das Haus also dir?», frage ich überrascht.

«Wem denn sonst?»

Wir schauen wieder den Menschen in Anzügen zu, die jetzt auf zwei Hüpfbällen sitzen. Eine halbe Stunde später verzieht sich René in sein Kellerzimmer, und nachdem einer der Anzugmenschen gewonnen hat, schalte ich den Fernseher aus und steige die Treppe hinauf in den ersten Stock.

Ich öffne die Tür zum Bastelzimmer. Die Tante sitzt an ihrem Tapeziertisch, starrt auf die Fensterscheibe, in der sie gespiegelt wird, weil es draußen inzwischen dunkle Nacht ist.

«Agnes», sage ich und noch mal «Agnes», weil ich weiß, wie sehr sie das stört. Die Tante steht ohne ein Wort auf, und als sie an mir vorbei zur Tür geht, schicke ich ihr «Das ist ja gar nicht dein Haus» hinterher.

Die Tante dreht sich um. Ihre Augen sind glasig. Wahrscheinlich hat sie zu lange auf die Fensterscheibe und in ihr eigenes Gesicht geschaut.

«Wenn das mein Haus wäre», sagt sie langsam, «glaubst du wirklich, dass du dann hier wohnen dürftest? In meinem Bastelzimmer?»

Sie verlässt den Raum, ohne die Tür hinter sich zu schließen. Ich öffne das Fenster und werfe ein Beruhigungsglas in die Büsche. Dunkelblaue Flüssigkeit mit silbernen Sternen.

AM NÄCHSTEN Tag höre ich die Worte der Tante immer noch, ‹glaubst du wirklich›, immer noch in Endlosschleife, ‹glaubst du wirklich, dass du dann hier wohnen dürftest?›.

Das Beruhigungsglas in den Büschen ist einfach nicht genug gewesen, es ist ja nicht mal zerbrochen.

Mit gesenkten Armen gehe ich am Busfahrer vorbei und stopfe in den ersten beiden Schulstunden eine ganze Packung Kokoskekse in mich rein, ohne auch nur einen einzigen Keks auf die andere Seite des Tisches zu schieben. In der großen Pause pöbele ich drei Oberstufenschüler an, weil sie mitten im Gang stehen geblieben sind, dann gehe ich zum hinteren Teil des Schulhofs, wo ein schmaler Weg zur Turnhalle führt, die ein wenig abseits vom Schulgebäude liegt. Ich klettere auf das Flachdach der Turnhalle, lasse die Beine baumeln, werfe kleine Steine auf den niedrigen Anbau. Ich mag das Geräusch, dieses Prasseln vom Kieselsteinregen auf das Wellblechdach. Es übertönt sogar die Stimme der Tante in meinem Kopf.

«Wer ist das?»

Unten stehen zwei Leute mit kurz geschorenen Haaren neben dem Vordach der Turnhalle und sehen zu mir herauf. Hier rauchen sie also, denke ich.

«Die geht doch in unsere Klasse.»

«Ach ja, das Ding aus der vorletzten Reihe.»

«Du hast da was», rufe ich dem einen zu, der mich gerade Ding genannt hat, und zeige auf einen braun-weißen Fleck. Ein Vogel hat auf sein T-Shirt gekackt, manchmal ist das Universum eben doch auf meiner Seite.

Er flucht und versucht, sich selbst über die Schulter zu schauen. Dreht sich dabei im Kreis. Ein Kater, der seinen eigenen Schwanz jagt, so sieht das von hier oben aus.

«Mach das weg», verlangt er fauchend von seinem Kumpel, aber der lacht nur und sagt: «Ich bin doch nicht blöd, Dominic. Ich pack doch keine Scheiße an.»

Nach der großen Pause haben wir Mathe. «Ich hab gehört, du hast auf dem Dach gesessen», flüstert mir das Mädchen mit der Zahnspange zu. «Was hast du da gemacht?»

Dominic aus der Raucherecke sitzt eine Reihe vor mir, auf der linken Seite des Klassenzimmers. Sein T-Shirt ist an der rechten Schulter und am Rücken ganz nass. Den Fleck sieht man trotzdem noch. Bevor er zu seinem Platz gegangen ist, hat er mich bestimmt zwei Minuten lang angesehen. So böse angesehen, als ob ich es gewesen wäre, die ihm auf die Schulter gekackt hat.

«Kieselsteinregen», antworte ich dem Mädchen mit der Zahnspange kurz angebunden. «Weil es hier manchmal so leise ist.»

«War es lauter, da wo du herkommst?», fragt sie neugierig.

Ich denke an Kaffeemaschinen und umfallende Türen.

Hier gibt es nur Tiervideos mit Pistolenkrebsen.

«Geht dich nichts an», sage ich und gucke nach rechts aus dem Fenster. Wenn ich einem Menschen etwas von mir erzähle, denke ich, dann muss er mehr als eine Zahnspange, dann muss er mindestens einen roten Haarreif tragen.

«UND DAS ist auch schon die ganze Geschichte.» In drei Minuten bin ich durch die vergangenen Wochen galoppiert, während ich gleichzeitig die Zeitschriften vom letzten Monat aus den Fächern gezogen habe. «Keine Frage, Frau Paschulkes Fantasie ist spektakulärer als mein Leben.» Nur die umfallenden Türen habe ich ausgelassen, in diesem Punkt bin ich bereits richtig erwachsen. Was nicht erwähnt wird, das ist auch nicht passiert.

Der Typ vom Frisörsalon sieht trotzdem komplett durchgeschüttelt aus und sitzt schief auf seinem Hocker an der Kaffeetheke.

«Die fliegenden Untertassen habe ich nicht kommen sehen», sagt er atemlos. «Ich liebe sie.»

«Ja, oder?» Ich drücke die Juni-Ausgabe von *Süßwasserfische für Einsteiger* an mein Herz.

«Definitiv!!!» Janne, also der Typ vom Frisörsalon, setzt drei Ausrufezeichen hinter das ‹Definitiv›, als ob wir kurzzeitig die Rollen getauscht hätten. Er umklammert mit seinen Händen den Sitz des Hockers und starrt auf das Kaffeeangebot des Tages, das sich in den letzten Wochen kein einziges Mal geändert hat. «Mannomadam, da wäre ich gerne mit dabei gewesen.»

Noch bevor ich mir überhaupt vorstellen kann, wie das ausgesehen hätte, wenn nicht nur die Zimmerpflanze im Raum gewesen wäre, sondern noch ein anderer Mensch, an meiner Seite, da korrigiert er sich schon selbst.

«Quatschi bananana, was rede ich da? Wenn ich ehrlich bin, dann doch nicht.»

Und wieder sitze ich vor dem Schuldirektor, starre auf einen Bilderrahmen, der nicht mehr auf dem Schreibtisch steht, was auch immer der Grund dafür ist. Aber jetzt bin ich nicht länger allein, jetzt bin ich verlassen. Weil man immer schneller fühlt, als man denken kann.

«Ich hatte nie irgendwelchen Ärger in der ... in der Schule?» Der Typ vom Frisörsalon verhaspelt sich. Vielleicht sieht er die Enttäuschung in meinen Augen. Ich gehe mit dem Stapel alter Zeitschriften zurück hinter die Verkaufstheke, während er weiterspricht. «Konnte ich mir nicht leisten. War schließlich kein Überflieger wie mein Bruder. Der hat ständig Mist gebaut? Und hat trotzdem Abi gemacht so von wegen mit eins Komma schabautz was drauf. Wenn man nur Durchschnitt ist, dann muss man tatsache aufpassen, oder ...»

«Man fliegt von der Schule.»

«Genau. Und wer will das schon?»

«Das bedeutet nur Stress. Dann landet man nachher in einem Kaff, dessen Namen man sich nicht merken kann.»

«Schrecklich.»

Der Typ vom Frisörsalon lacht, und ich hätte mitlachen können, um es ihm leicht zu machen, aber wer fliegende

Untertassen will, der muss zwischendurch auch mal im Zimmer des Schuldirektors sitzen. Das kann ich nicht einfach so weglachen.

«Ich hab viel zu viel Schiss.» Er rutscht auf dem Hocker hin und her. «Erwischt zu werden, finde ich grauenvoll.» Richtig blass sieht er aus. «Verstecken spielen war früher die Hölle. Wenn man da irgendwo hinter einem Stromkasten hockt und so von wegen dann hört man Schritte? Das sollte man sich nicht freiwillig antun.»

Ich verstehe, was er meint, und verstehe es gleichzeitig nicht, denn ich verstecke mich erst gar nicht. Wenn man sich nicht versteckt, wenn man sich stattdessen mitten auf den Stromkasten setzt, dann kann man nicht wirklich erwischt werden. Das muss der Typ vom Frisörsalon wohl noch kapieren. Ich habe allerdings keine Lust, dass er mir vom Hocker kippt, dass er sich dabei den Arm bricht, dass er zu Doktor Kleist in die Praxis muss, dass ihm dann mit erhobenem Zeigefinger gesagt wird: ‹Es scheint, du hast immer noch kein Gramm abgenommen›, und dass er dann nicht mehr zu den Erdnussbutterschokoriegeln in die Tankstelle kommt, deshalb wechsele ich das Thema.

«Wenn du schon hier rumhängst, dann lies mir wenigstens was vor.» Ich knalle den Zeitschriftenstapel auf die Kaffeetheke.

Seit mir der Tankstellenbesitzer die Tiervideos verboten hat, lese ich stundenlang irgendwelche Artikel über Hochwasserzander und Meeresforellen, über Superfood und Krautsalat, über Elektro-Holzspalter und die besten Tricks gegen Sommer-Kopfweh, über europäische Bankaktien und die Körpergröße dänischer Thronfolger. Um bei der Wahrheit zu bleiben, vielleicht lese ich die Artikel nicht wirklich durch, aber ich schaue mir jedes einzelne Bild an.

Der Typ vom Frisörsalon blättert unentschlossen durch die Zeitschriften, die oben auf dem Stapel liegen.

«Irgendwelche Vorlieben?»

«Nicht den Artikel über Spitzkohl, den kenne ich schon.»

«Willst du vielleicht wissen, wie man einen Esstisch aus Eiche und Epoxidharz baut?»

Er hält die letzte Ausgabe von *Der Mann macht's* in die Höhe.

«Auf gar keinen Fall.»

«Oder wie man Zimmertüren richtig einbaut?»

Ich schüttele den Kopf: «Dann lieber noch mal den Spitzkohl.»

Der Typ vom Frisörsalon legt *Der Mann macht's* neben den Stapel und blättert durch eine andere Zeitschrift.

«Ach guck noch eins, Schmeichelkleider», sagt er aufgeregt, und seine Augenbrauen zucken nach oben. «‹Mit einer Tunika oder mit großen Blumenmustern schummeln Sie ganz leicht die Pölsterchen an Ihrer Hüfte weg.› Wer hätte das gedacht? Blumenmuster ...»

Er schaut auf sein schwarzes T-Shirt, und ich reiße ihm die *Frau im Jetzt* aus den Händen.

«Du hast dich von deinem Doktor in was ganz Übles reinquatschen lassen.» Ich ziehe eine Zeitschrift aus dem Stapel, schlage sie irgendwo in der Mitte auf und lege sie vor ihm hin.

«Das soll ich vorlesen?» Wenn sich seine Stirn kräuselt, verschwindet die Narbe an seinem Haaransatz. «Dünger streuen in Belgien?»

«Alles ist interessanter als deine Schummelklamotten.»

Der Typ vom Frisörsalon rückt mit dem Hocker noch ein paar Zentimeter an die Kaffeetheke heran, damit er seine Ellenbogen aufstützen kann, und beginnt zu lesen:

«Das drittkleinste Sechszylindermodell der Serie 8 ist der 5710, der serienmäßig mit einem Dual Power-Lastschaltgetriebe ausgestattet war.» Er kämpft sich ziemlich anständig durch den Leitartikel der *Traktor Oldies*, stockt noch nicht mal bei ‹Schall-, Lärm- und Vibrationsdämmung› oder ‹Unkrautbekämpfung in Chicoréebeständen›. Ich lege die Unterarme auf die Theke, ein paar Sekunden später den Kopf in die rechte Armbeuge, die Haut an seinen Ellenbogen sieht ganz weich aus, bei mir ist sie immer rau, dann schließe ich die Augen.

Der Typ vom Frisörsalon redet ständig so viel, dass ich bei der Masse an Wörtern gar nicht gemerkt habe, wie angenehm seine Stimme klingt. Warm und dunkel. Als ob man sich aus Decken und Kissen eine Höhle gebaut hätte. Weich wie die Haut an seinen Ellenbogen.

Längst verstehe ich nur noch einzelne Worte. Bremsbeläge. 12-PS-Schlepper. Maximales Drehmoment. Hubraum. Milchviehbetrieb. Weit entfernt sind sie und zwischen ihnen und mir diese Stimme aus Bettdecken und Federkissen.

«Sag mal, pennst du etwa?»

Mein Kopf ist so schwer, dass ich ihn kaum zwei Zentimeter heben kann, mit meinen Augenlidern versuche ich es gar nicht erst. «Ich konzentriere mich», bringe ich durch halb geschlossene Lippen ein paar Worte hervor. «Weil Traktoren. Wichtiges Thema.»

Ich warte darauf, dass er weiterliest. Maschinenöl, Dieseltreibstoff, es ist mir komplett egal, ich will nur nicht aus meiner kuscheligen Höhle vertrieben werden. Aber statt Einspritzpumpe und Ölbadluftfilter höre ich:

«Das solltest du lieber mit offenen Augen tun? Sascha an Zapfsäule Nummer drei.»

‹Sascha an Zapfsäule Nummer drei›, das ist schlimmer als jeder Wecker. In einer einzigen Bewegung stelle ich mich aufrecht hin, nehme wieder den harten Fliesenboden unter den Füßen wahr und schnappe mir einen Lappen, es ist nun ein gelber, weil der grüne das letzte Wochenende nicht überlebt hat. «Immer regelmäßig Lappen auswechseln. Wegen Hygiene und dem ganzen Ärger», hat der Tankstellenbesitzer am Ende der letzten Schicht anerkennend festgestellt und dabei sein ölbeflecktes Tuch wie ein Springseil durch die Luft geschwungen, nachdem sein Blick auf die Reste vom grünen Lappen gefallen war, die im Mülleimer lagen. Ich wische über die Kaffeetheke, und der Typ vom Frisörsalon nutzt die Gelegenheit, um die Traktor-Zeitschrift zurück in den Stapel zu schieben. Als er eine Kochzeitschrift zu sich heranziehen will, auf der in fetten weißen Buchstaben steht: ‹Lecker und locker in den Urlaub. 12 Rezepte für die Bikinifigur›, schlage ich mit dem Lappen auf seine Finger, und er legt schnell die Hände auf seine Knie.

«Ich fahre in den Sommerferien sowieso nirgendwohin», brummelt er und reibt sich seine Handrücken, was ich ziemlich übertrieben finde. «Und du?»

«Ich werde hier arbeiten», sage ich und schiele nach draußen, aber der Tankstellenbesitzer ist nirgendwo zu sehen. Vielleicht hat mich der Typ vom Frisörsalon ordentlich reingelegt, weil er keine Lust mehr auf die wassergekühlten Sechszylinder-Saugmotoren gehabt hat. Ich schmeiße den gelben Lappen über die Schulter ins Spülbecken. Inzwischen bin ich mit den Putzlappen ähnlich treffsicher wie mit Papierkügelchen.

«Ach.» Der Typ vom Frisörsalon ist immer noch bei den Sommerferien, und er klingt genauso überrascht wie meine Mutter, mit der ich gestern telefoniert habe.

Der Tankstellenbesitzer hat mir angeboten, in den Ferien nicht nur an den Wochenenden, sondern auch in der Woche zu arbeiten, damit er noch mehr Zeit in seiner Werkstatt verbringen kann.

«Oder musst du fürs Abi lernen, ist doch nächstes Jahr so weit?», hat er gefragt. Der Tankstellenbesitzer glaubt immer noch, dass ich volljährig bin, oder er tut auf jeden Fall so, und ich spiele das Spiel mit, schließlich will ich den Job behalten.

«Eigentlich müsste ich so langsam mal meinen Führerschein machen», habe ich gesagt und meine Ober- und Unterlippe zwischen die Zahnreihen gezogen, als stünde ich gerade vor einer schweren Entscheidung. «Andererseits», die bedeutsame Pause, die ich nun machte, war etwas übertrieben, das gebe ich zu, «wenn ich in den Ferien Geld verdiene, dann kann ich mir danach sogar ein Auto leisten.» Dass es das Auto des Schuldirektors ist, von dem ich gesprochen habe – dass es zwei verbeulte Autotüren des Schuldirektors sind, um präzise zu sein –, muss der Tankstellenbesitzer ja nicht wissen.

«Aber Geld weiter auf die Hand. Wegen Steuer und Versicherung und ...», hat der Tankstellenbesitzer dann genuschelt.

«Dem ganzen Ärger» habe ich ergänzt, und das Tuch in seinen Händen hat sich zu drehen begonnen. Inzwischen habe ich begriffen, dass das ölbefleckte Tuch sprechen kann. Wird es geknetet, dann ist der Tankstellenbesitzer schlecht gelaunt. Pendelt es beim Gehen vor und zurück, ersetzt es eine Melodie, die andere Menschen vor sich hin pfeifen, wenn sie fröhlich sind. Der Tankstellenbesitzer pfeift nie. Lässt sich das Tuch hängen, denkt der Tankstellenbesitzer nach. Und dreht sich das Tuch wie ein Springseil, dann ist die Welt richtig schön in ölbefleckter Ordnung. Das Tuch, der Tankstellenbesitzer und ich, wir verstehen uns immer besser. Und wenn ich die nächsten Wochen durcharbeite, könnten meine Mutter und ich am Ende des Sommers sogar schuldenfrei sein. Vielleicht werden sich dann die großen Hände von meinen Rippen lösen.

«Ich würde die Ferien gerne hier verbringen», habe ich deshalb gestern am Handy gesagt.

«Ach.» Die überraschte Stimme meiner Mutter. «Versteht ihr euch so gut, René und du?»

«Und die Tante erst», log ich. «Ein Traum!»

Nachdem wir unser Gespräch beendet hatten, klingelte im Wohnzimmer Renés Handy. Ich wettete mit mir selbst, dass das meine Mutter war, und schon wenige Minuten später verriet die schrille Stimme der Tante, dass ich dieses Mal die Wette gewonnen hatte.

Tante: ... die ganzen ... Sommerferien ...

René: ... Das ist doch kein ...

Tante: ... Aber ... mein Bastelzimmer ...

René: ... Filzpantoffeln ...

Tante: ... Geradezu ... Unverschämtheit ...

Und damit ist das Wortgefecht schon beendet gewesen. In den letzten Tagen hatte die Tante mit Fieber im Schlafzimmer gelegen, und wahrscheinlich war sie noch zu schwach, um ihre Empörung an die Wände des Wohnzimmers zu malen, wie sie es sonst gemacht hätte. In drei Schichten, mindestens.

«Du bleibst also den ganzen Sommer hier?» Der Typ vom Frisörsalon streicht mit dem Daumen über die Ecken der Zeitschriften. «Willst du nicht was mit deinen Freunden zu Hause machen?»

Ich denke an Luca.

Der letzte Mensch, den ich Freundin genannt habe.

Und das ist vor über zehn Jahren gewesen.

«Oder mit deinen neuen Freunden hier?» Er streicht mit seinem Daumen weiter über das Papier, immer wieder von unten nach oben, während ich die gegenüberliegenden Ecken Seite für Seite umknicke. Ein Eselsohr und noch ein Eselsohr. Eine komplette Eselsohrenbande.

«Ich hatte ziemlich viel zu tun», sage ich beiläufig und knicke die nächste Ecke um. «Mit der Schule und der Tankstelle.»

«Da muss man Prioritäten setzen, Karriere oder Privatleben? Ist bei mir nicht anders.» Der Typ hat aufgehört, über die Seiten zu streichen. Ich spüre seinen Blick, aber ich habe entschieden, dass eine Eselsohrenbande nicht genügen wird. Ich brauche eine ganze Eselsohrenarmee.

Und plötzlich:

«Ich könnte dein Freund sein.»

Seine Worte lassen meinen Kopf nach oben zucken. Der Typ vom Frisörsalon und ich, wir schauen uns an wie zwei Menschen, die um eine Häuserecke gegangen sind und plötzlich voreinander auf dem Bürgersteig stehen. Wir wissen nicht, ob links vorbei oder rechts vorbei oder einfach stehen bleiben. Weil umdrehen und zurückgehen, so tun, als hätten wir uns gar nicht gesehen, das funktioniert nicht. «Also von wegen für die Sommerferien, dachte ich. Da kann man das doch ganz gut gebrauchen? Einen Freund oder auch zwei. So zum Sachenmachen?», stammelt der Typ vom Frisörsalon, und seine Gedanken ergeben sicherlich Sinn. Das Problem ist nur, dass Freunde etwas für andere Menschen sind, aber nicht für mich, und ich habe absolut keine Ahnung, wie ich ihm das erklären soll.

In diesem Moment wird von außen die Glastür aufgedrückt. Doch niemand betritt den Verkaufsraum, nur ein Kopf erscheint in der Türöffnung. Ein Kopf, der in einem silbernen Motorradhelm steckt. Ich wundere mich über gar nichts mehr.

«Habt ihr noch die *Pony Palloni* vom letzten Monat?», fragt der Motorradhelm mit einer heiseren Stimme.

Ich blicke auf die Armee aus Eselsohren, bin überfordert von dem Gedanken, dass sich darunter irgendwo ein Pony verstecken könnte, und schüttele den Kopf. Als ich nach oben sehe, ist der Motorradhelm schon wieder verschwunden.

«Der hat übrigens eine Deluxe-Kabine», sagt der Typ vom Frisörsalon.

«Wer? Der Motorradhelm? Pony Palloni?» Ich habe komplett die Orientierung verloren und verstehe überhaupt nicht mehr, wovon er spricht.

«Der Traktor aus der Serie 8. Das stand in dem Artikel, den ich dir vorgelesen habe?»

«Deluxe ist immer eine feine Sache», sage ich höflich, obwohl meine Fantasie garantiert nicht ausreichen wird, um mir eine Deluxe-Kabine in einem Traktor vorzustellen. Mit Massagesessel und einem Kühlschrank samt Eiswürfelspender vielleicht. Ich habe keinen blassen Schimmer von Traktoren, und nichts in meinem Leben hat irgendwas mit Deluxe zu tun, aber dafür habe ich endlich eine Idee, wie der Typ vom Frisörsalon und ich, wie wir gemeinsam an der Häuserecke vorbeikommen können. Unbeschadet und ohne dass wir mit unseren Köpfen an irgendwelche Laternenpfähle oder Sackgassenschilder knallen. Schließlich müssen wir vorsichtig sein, denn wir tragen keine Motorradhelme.

«Entfernter Bekannter», sage ich. «Du könntest mein entfernter Bekannter sein.»

AM LETZTEN Schultag bekommen alle ihre Zeugnisse. Sogar ich. Der Klassenlehrer legt das Stück Papier vor mir auf den Tisch, ich schaue auf die Buchstaben, schaue auf die Worte und wundere mich wie jedes Halbjahr darüber, dass Zahlen plötzlich nicht mehr genug sind. Ich mag die Zahl Drei, aber beim Wort Befriedigend schüttelt es mich. Ich will nicht, dass ein Lehrer oder eine Lehrerin irgendwas an mir befriedigend findet. Ein Mangelhaft steht nirgendwo, aber aus der Sechs in Physik ist das Wort Ungenügend geworden. Ich hole einen Textmarker aus der Tasche und fahre mit der Spitze über meine Physik-Note. Ein neongelbes Ungenügend ist nicht mehr fremd, es ist grell, es gehört zu mir.

«Krass, bleibst du sitzen?», flüstert das Mädchen mit der Zahnspange neben mir. Die Drähte in ihrem Mund hängen wieder voll mit weißen Raspeln. Sie passen nicht gut zusammen, ihre Zahnspange und die Kokoskekse.

Ich schüttele den Kopf.

«Ist nur Nebenfach. Nebenfach kann man ausgleichen», sage ich in normaler Lautstärke, denn das Stimmengewirr um uns herum verschluckt ohnehin alles. Am letzten Schultag ist immer Ausnahmezustand, und jetzt trennen uns nur noch wenige Minuten von den Sommerferien, da interessiert sich niemand mehr für irgendwelche Leisezeichen. Ein Mensch aus der letzten Reihe steht mit hochgereckten Armen auf dem Tisch, irgendwer hat die Playlist auf seinem Smartphone gestartet, ein Mensch aus der ersten Reihe weint und wird von zwei anderen Menschen umarmt. Alle unterhalten sich aufgeregt über die unbegrenzten Möglichkeiten der nächsten sechs Wochen und den Lichtschutzfaktor ihrer Sonnencremes. Ich starre wieder auf das DIN-A4-Blatt. Die Tür zur 10. Klasse, sie steht mir offen. ‹Tatsache steht sie dir offen.› Ein weicher, dunkler Klang in meinem Kopf.

Als ich nach dem Klingeln das Klassenzimmer verlassen will, drängelt sich Dominic aus der Raucherecke vorbei und stößt mir seinen Ellenbogen gegen das Brustbein. Bevor ich darauf reagieren kann, höre ich die Stimme des Klassenlehrers.

«Kim», ruft er.

Nun hat er sich doch noch meinen Namen merken können, denke ich und drehe mich um.

Ich wisse ja, beginnt er, dass sie die Noten von meiner alten Schule übernommen hätten und dass die Zeit zu kurz gewesen sei, um sich hier einen validen Eindruck über meine Leistungen zu verschaffen. Aber bei ihm, sagt er, bei ihm wäre ich damit nicht durchgekommen. Ich spüre, wie es mir die Augenbrauen zusammenzieht, so angestrengt überlege ich, was zur Hölle noch mal valide heißt und womit ich bei ihm nicht durchgekommen wäre. Aus dem Fenster gucken, leise sein, nie zu spät erscheinen, keine Fehltage und kein einziges Widerwort. Ich komme echt nicht drauf, was es sein kann. Im nächsten Schuljahr müsse er mehr Leistung von mir sehen, er zeigt auf das Gut hinter Geschichte. Das hätte ich von ihm niemals bekommen, sagt er.

Dieser Mensch, der wochenlang nicht gewusst hat, wer ich bin – er hält mir gerade ernsthaft einen Vortrag über mangelnde Leistungen. Ich bohre meinen Daumennagel in die Kuppe meines Mittelfingers, um ruhig zu bleiben.

«Verstehe, Herr ...» Ich schnipse mit den Fingern der anderen Hand und schließe die Augen.

«Reibert», sagt der Klassenlehrer.

«Ach ja, genau», sage ich und verlasse den Klassenraum ohne ein weiteres Wort.

Als ich draußen an den Fahrradständern vorbeikomme, bleibe ich stehen. Das Fahrrad vom Klassenlehrer. Auf alt gemacht, aber trotzdem unfassbar teuer, da bin ich mir sicher. Wenn er morgens um die Straßenecke fährt, klingelt er einmal lang und dreimal kurz, damit auch wirklich alle mitbekommen, dass er nun da ist. Das scheint ihm wahnsinnig wichtig zu sein.

Ich habe schon das Ventil vom Vorderreifen geöffnet, den schwarz-weiß gestreiften Metalldeckel von der Fahrradklingel abgeschraubt und in den Rinnstein geworfen, bevor ich überhaupt darüber nachdenken kann, was ich da tue, bevor mir bewusst wird, dass das wohl keine gute Idee gewesen ist.

‹In dem ganzen Trubel hat es eh keiner mitbekommen›, rede ich mir gut zu. Und ein geöffnetes Fahrradventil reicht noch nicht einmal für eine Suspendierung oder eine Konferenz. Höchstens für einen Eintrag ins Klassenbuch. Als ich aufsehe, starrt mich das Mädchen mit der Zahnspange an.

«Ist was?», frage ich, meine Stimme irgendwo zwischen ‹Ich habe gar nichts gemacht› und ‹Ich weiß, wo dein Fahrrad steht›.

«Wir sehen uns in ein paar Wochen.» Das Mädchen mit der Zahnspange grinst breit und hebt einen Daumen nach oben. «Ich halte dir einen Platz frei.» Offenbar hat sie soeben entschieden, dass wir beide, dass wir uns gut verstehen.

«Ich bringe Kekse mit», verspreche ich. «Für dich auch ohne Kokosraspeln.»

Im gleichen Moment sehe ich, wie ein Bus der Linie 258 um die Ecke biegt, und ich renne los. Die hintere Tür des Busses öffnet sich. Ich springe hinein, bevor vier Menschen und ein Hund aussteigen können, und lasse mich in der vorletzten Reihe auf den Fenstersitz fallen. Vor mir liegen sechs Wochen mit begrenzten Möglichkeiten zwischen Dorfplatz und Tankstelle, ein Sommer mit Lichtschutzfaktor 20.

Der Bus verlässt die Stadt. Draußen jeden Tag die gleichen Wiesen und die gleichen Zäune. Inzwischen kann ich sogar die Kühe voneinander unterscheiden. Eine Kuh mit weißem Kopf und einem schwarzen Fleck um das rechte Auge fehlt. Die anderen Kühe scheinen sich nicht sonderlich darum zu kümmern. Sie schauen nur auf das Gras vor ihren Hufen. Warum auch sollen Kühe die besseren Menschen sein, denke ich.

Normalerweise steige ich immer eine Haltestelle nach dem Supermarkt aus, weil das die Haltestelle ist, die am nächsten an Renés Haus liegt. Aber heute ist nicht normalerweise, deshalb fahre ich bis zur Endhaltestelle. Seit dem Tag meiner Ankunft habe ich das nicht mehr gemacht.

Als der Bus hält, öffnen sich die hinteren Türen. Zwei Menschen steigen aus. Ich gehe durch den Gang zum Busfahrer, gehe zu der vorderen Tür, die geschlossen ist.

«Wieso musst du alles andersrum machen?», mault der Busfahrer. «Ihr sollt vorne einsteigen und hinten aussteigen. Ist jetzt nicht so schwer zu verstehen, und extra für dich kleben da sogar noch Sticker, auf denen das erklärt wird.»

«Ich habe ein Geschenk für dich», überhöre ich großzügig das Gemaule vom Busfahrer, hole ein Konservenglas der Tante aus dem Rucksack und strecke es ihm entgegen.

«Bonbons?», fragt er und kneift die Augen zusammen.

Unter dem Tapeziertisch der Tante habe ich vor ein paar Tagen einen Karton mit buntem Papier gefunden. Ich habe die Blätter zerrissen und kleine Kügelchen daraus geformt, habe erst damit aufgehört, als das große Konservenglas bis zum Rand gefüllt gewesen ist.

«Das sind sozusagen alle Papierkügelchen, die ich in den letzten Wochen nicht durch deinen Bus geschnipst habe», erkläre ich.

«Du hast echt einen Knall.» Der Busfahrer schüttelt den Kopf, drückt gleichzeitig auf eine Taste, die die vordere Tür öffnet, und da er mir das Glas nicht abnimmt, stelle ich es auf die Ablagefläche für alte Menschen, also für das Kleingeld von alten Menschen, das aus ledernen Portemonnaies rausgekramt wird, weil alte Menschen so selten Bus fahren und sich eine Monatskarte für sie nicht lohnt.

Ohne einen Knall würde es uns gar nicht geben, denke ich, den Bus nicht, meine Sechs in Physik nicht und auch nicht die Person, die gerade aus der Bäckerei kommt.

Ich erkenne sofort den frisch frisierten Kopf, obwohl er inzwischen nicht mehr so richtig frisch frisiert ist. Die Person geht am Bus vorbei, und ich sehe nur einen gelben Punkt an mir vorbeifliegen, der sie direkt an der linken Schläfe trifft.

Sie reibt sich den Kopf, sieht das gelbe Papierkügelchen auf dem Bürgersteig liegen und guckt zum Busfahrer, dann guckt sie zu mir. Ihre Augen weiten sich.

«Du schon wieder! Anzeigen sollte man dich, wegen Körperverletzung.»

Jetzt weiten sich meine Augen, und ich zeige auf mich, mit einem stummen «Ich?» auf den Lippen.

«Natürlich du! Wer denn sonst? Der Herr Busfahrer etwa?» Ihre Stimme ist giftiger als mein neongrünes T-Shirt.

Empört drehe ich mich um und sehe den Busfahrer an.

«Ich bin der wahre Meister der Papierkügelchen», flüstert er. Dann ruft er ihr zu: «Ich kümmere mich darum», und wischt mit seinem Handrücken durch die Luft, vor und zurück. Sie gehorcht tatsächlich und geht weiter, immer noch wild schimpfend.

«Das bekommst du zurück», drohe ich, doch er lehnt sich nach vorn, so wie er es auch am ersten Tag gemacht hat.

«Verscherz es dir nie mit dem Busfahrer.»

Und was bleibt mir anderes übrig, als die Hände zu heben und «Weiß ich doch» zu sagen. Er ist nun mal der Busfahrer.

«Die heißt Paschulke, oder?», frage ich.

«Mit der hast du es dir verscherzt, für immer und ewig», antwortet er, und das deute ich als ein ‹Ja› auf meine Frage.

«Jetzt aber genug geredet.» Der Busfahrer beugt sich vor und stellt das Konservenglas in den Fußraum neben das Gaspedal. Oben auf seinem Hinterkopf lichtet sich bereits das hellbraune Haar, dabei ist er bestimmt ein paar Jahre jünger als René. Kurz frage ich mich, ob es ihn traurig macht, dass seine Haare nicht bei ihm bleiben wollen. Aber dann denke ich, dass ihm sein Hinterkopf wahrscheinlich komplett egal ist, dass er da anders tickt als der Typ vom Frisörsalon, der von Schmeichelkleidern träumt. «Entweder aussteigen oder hinsetzen!», sagt er jetzt ungeduldig.

«Aussteigen!», rufe ich und will gerade den Bus verlassen, die Stufe hinunter auf den Fußweg springen, als sich die Tür direkt vor meiner Nase schließt.

«Der Ausstieg ist hinten», sagt der Busfahrer mit der ausdruckslosen Miene, die ich längst von ihm kenne. Sein Finger liegt noch auf der orange leuchtenden Taste.

Tief atme ich ein, durch zusammengebissene Zähne. Ich gehe an ihm vorbei, den Kopf stur geradeaus, gehe den Mittelgang entlang zur hinteren Tür. Aber als mich hintereinander drei Papierkügelchen am linken Oberarm treffen, da kann ich nicht länger die Zähne zusammenbeißen und den Kopf geradeaus halten, das ist einfach zu viel von mir verlangt, ich drehe mich mit einem Ruck um und schreie durch den leeren Bus: «Dir schenke ich nie wieder was, und überhaupt, du bist der grottigste Busfahrer, den die Welt je gesehen hat, für immer und ewig plus Rückfahrkarte, scheiße nein, für immer und ewig plus Zusatzticket, plus Viererzusatzticket, so grottig bist du!»

Doch der Busfahrer kümmert sich überhaupt nicht um das Geschrei. Er lacht. Er lacht so heftig, dass Tränen an seinen Wangen herunterlaufen, dass er seinen Kopf in den Nacken legen muss, damit er wieder Luft bekommt. Plötzlich sieht er zwanzig Jahre jünger aus, er sieht aus wie ein Mensch, der in seiner Schulzeit ständig dazu gezwungen worden ist, auf Aktenordner und Zimmerpflanzen zu starren.

Meine Wut fliegt davon. Wie tausend knallrote Papierkügelchen fliegt sie davon.

Der Busfahrer lacht immer noch, als ich aus der hinteren Tür auf den Bürgersteig trete, und er hört erst auf, als er den Motor startet, die Türen schließt und den Blinker setzt.

Ich schaue ihm hinterher, wie er um die Ecke biegt. Gleich fährt er über die Landstraße Richtung Stadt, an den Kühen vorbei. Für den Busfahrer muss sich jeder Tag wie eine Wiederholung anfühlen, immer die gleiche Strecke und die gleichen Bushaltestellen, nur manchmal fehlt eine Kuh auf der Wiese. Und ich bin mir noch nicht einmal sicher, ob er das überhaupt bemerkt hat.

Hinter mir öffnet sich die Tür des Frisörsalons. Das erinnert mich wieder daran, warum ich bis zur Endhaltestelle gefahren bin.

Heute ist nicht normalerweise. Und deshalb habe ich

beschlossen, Janne, also den Typen vom Frisörsalon, also Janne …

Ich habe beschlossen, Janne zu besuchen.

Als ich den Frisörsalon betrete, habe ich sofort diesen süßlichen Geruch von Haarpflegeprodukten in der Nase, der einem so schnell üble Kopfschmerzen bereiten kann. Ich bin froh, dass Janne absolut nicht nach Frisörsalon riecht, er riecht nur nach Sommerregen und Lavendel.

Auf dem Boden des Frisörsalons liegen hellgraue Fliesen. An den Seiten stehen links und rechts jeweils drei dunkelgraue Lederstühle vor Spiegeln, die an den Wänden hängen. Vor ein paar Jahren ist die Einrichtung bestimmt ordentlich modern gewesen. Fünf Stühle sind leer, nur auf einem Stuhl direkt am Schaufenster lässt sich ein älterer Mensch die Haare föhnen. Die Wangenknochen verschwinden unter glitzerndem Rouge.

Die Person mit dem Föhn in der Hand ist nicht Janne. Sie ist ein bisschen älter, ein Jahr oder vielleicht auch zwei. Lange blonde Haare, die auch ohne Sonnenschein wie Gold schimmern. Solche Haare hat sich meine Mutter immer für mich gewünscht.

«Ist Janne da?», rufe ich und noch einmal: «Ist Janne da?», aber der Föhn ist lauter als ich. Gerade will ich zur Steckdose gehen, um den Stecker vom Föhn herauszuziehen, damit mich hier endlich irgendwer wahrnimmt, da entdecke ich hinten in der Ecke des Salons noch jemanden. Er sitzt hinter einem schmalen Tresen und streicht sich über seinen grau melierten Bart. Neben ihm bewegt sich ein Vorhang.

Wie in der ersten Klasse, denke ich, als wir mit der Schule ins Puppentheater gegangen sind und sich alle erschrocken haben, als das Krokodil durch die Lücke zwischen den Vorhängen geschossen ist. Ein Mädchen aus der Parallelklasse umklammerte meinen Arm, und ich musste ihr ganz fest in den Oberschenkel kneifen, damit sie mich wieder losließ. Ich war kein Haltegriff, für niemanden. Den Rest der Vorstellung musste ich allein im Theaterfoyer sitzen. «Seit das mit Luca passiert ist ...», flüsterten sich die Lehrerinnen zu und wackelten dabei mit ihren Köpfen.

Als nun der Vorhang zur Seite geschoben wird, erschrickt niemand im Frisörsalon. Wenn Janne ein Tier wäre, dann wäre er niemals ein Krokodil. Wenn wir beide Tiere wären, denke ich, dann wäre ich das Krokodil, und er wäre ein Koala oder ein Alpaka oder ein Pinguin, der einem mit seinen Flügeln ein glitzerndes Herz entgegenstreckt. Wenn Janne ein Tier wäre, dann müsste er sich in Acht nehmen. Vor mir, weil ich doch das Krokodil bin, und vor der Tante mit ihren Konservengläsern.

Der Mensch hinter dem Tresen sagt etwas zu Janne, und der nickt hektisch. Ich hebe den Arm, um auf mich aufmerksam zu machen, Janne schaut in meine Richtung, und sofort verändert sich der Ausdruck auf seinem Gesicht. Sein Lächeln, immer mit dieser winzigen Lücke. Er macht drei hastige Schritte, bis er vor mir steht.

«Ich wollte dich besuchen!», brülle ich über den Lärm des Föhns hinweg. «Weil heute ja der letzte Schultag ist! Da ist alles nicht normalerweise.»

«Und deshalb hast du an mich gedacht?» Janne kann gleichzeitig brüllen und lächeln. Sein Gesicht und sein roter Haarreif leuchten.

«Genau. Deshalb habe ich an dich gedacht!», brülle ich zurück.

Und in diesem Moment wird der Föhn ausgeschaltet. Es wäre mir lieber gewesen, wir hätten uns noch weiter anbrüllen können, denn in der Stille werden manche Dinge unnötig groß. Wie mein Besuch im Frisörsalon.

Ich habe an dich gedacht und auch an mich, an uns beide, habe ich noch rufen wollen, aber ohne den Lärm um uns herum behalte ich das lieber für mich.

Es ist ohnehin ein bisschen seltsam, wie wir uns jetzt gegenüberstehen. Es fehlt die Verkaufstheke zwischen uns.

Und es sind eindeutig zu viele Menschen im Raum. In der Tankstelle hat es doch meist nur ihn und mich gegeben.

«Schön, dass du hier bist», sagt Janne, und sobald ich seine Stimme ohne die Störgeräusche des Föhns höre, entspannen sich meine Muskeln wieder.

Janne geht zurück zum Tresen, und durch eine Kopfbewegung gibt er mir zu verstehen, dass ich mitkommen soll. Der Mann hinter dem Tresen trägt nicht nur einen grau melierten Bart, sondern auch ein graues Shirt mit V-Ausschnitt. Er ist eine Regenwolke.

«Kim, das ist mein Vater.» Janne zeigt mit der offenen Handfläche auf den Mann. «Papa, das ist Kim, meine entfernte Bekannte.»

«Schön, schön.» Der Vater von Janne nickt mit dem Kopf, aber sagt nichts weiter. Ich habe überhaupt nicht damit gerechnet, bereits heute seine Eltern kennenzulernen, deshalb fällt mir nichts Klügeres ein, als auch mit dem Kopf zu nicken und sein «Schön, schön» zu wiederholen. Dieses Dorf ist schlichtweg zu klein. Nach ein paar Wochen kennt man schon jede Kuh, und beim ersten Besuch werden einem die Eltern vorgestellt, so ist das hier, dagegen kann man wahrscheinlich nichts machen. Aber nur ein Jahr, beruhige ich mich, nur ein Jahr, und bevor alles viel zu nah kommt, bin ich wieder weg.

Die Lippen von Jannes Vater sind ein gerader Strich. Ein dünner, gerader Strich. Vielleicht bereitet ihm mein grünes Shirt körperliche Schmerzen, so grau, wie er ist.

«Meinem Vater gehört der Frisörsalon», erklärt Janne.

«In vierter Generation», betont Jannes Vater. Ich überlege, ob meine Mutter auch etwas in vierter Generation besitzt. Im Altenheim ist sie angestellt, wir wohnen zur Miete, und unsere Möbel sind von Ikea. Aber warum sollte es nicht etwas geben, in irgendeiner Kiste oder einer Schublade? Falls ich es nicht vergesse, werde ich meine Mutter beim nächsten Telefonat danach fragen.

«Ich mache Pause, wenn das in Ordnung ist», sagt Janne zu seinem Vater, und der nickt wieder mit dem Kopf, vielleicht hat er auch gar nicht damit aufgehört.

«Aber vergiss nicht, Frau Perschler kommt um halb zwei», sagt er.

Als wir an den dunkelgrauen Lederstühlen vorbeigehen,

bleibt Janne bei dem Mädchen mit den blonden Haaren stehen.

«Und das ist Alexandra Sofie.» Seine Stimme klingt heller als sonst. «Sie schneidet die geradesten Ponys der Welt?»

«Du kannst mich Alex nennen», strahlt Alex(andra Sofie). Sie hat makellose Haut, da ist kein Muttermal, keine Narbe, keine Unreinheit. Das kann nicht nur Make-up sein. Ihre Augen sind so blau wie die Flüssigkeit in den Beruhigungsgläsern der Tante, nur die silbernen Sterne fehlen. Ich gucke schnell die grauen Fliesen an. Wenn Alex(andra Sofie) einen so ansieht, dann ist das wie eine sperrangelweit offene Tür. Aber wer weiß denn, was dahinter auf einen wartet.

Ich schaue vom Boden zu Janne, und ich erkenne sofort, dass er längst durch die Tür gegangen ist, es könnte sein vor Jahren schon, und dass er sich irgendwo auf der anderen Seite verlaufen hat.

«Und du bist also Kim!»

Ich hebe den Kopf, spanne die Muskeln im Nacken an, um ihn oben zu halten.

«Janni hat hat mir schon viel von dir erzählt.»

«Echt jetzt?», frage ich und bin gleichzeitig erstaunt, dass Janne über Alex(andra Sofie) noch kein einziges Wort verloren hat.

«Aber nur Gutes», strahlt sie weiter. Ihre Zähne wirken ein bisschen zu groß für ihren Mund und ihr Gesicht.

«Klar, was auch sonst?», erwidere ich knapp, weil es all meine Konzentration erfordert, den Kopf oben zu halten und ihr ins Gesicht zu schauen. Aber Alex(andra Sofie) hört nicht auf zu strahlen, sie versucht gar nicht erst, ihre Zähne dabei zu verstecken. Warum auch sollte man sich für große Zähne schämen, denke ich.

«Und ich bin Gerd», mischt sich nun der Mensch mit dem glitzernden Rouge ein. «Mir gehörte früher die Metzgerei.»

«Den Schweinehintern sieht man immer noch», sage ich zu ihm. Weil sich doch jeder Mensch danach sehnt, dass etwas von ihm bleibt.

«Am Ende ist eh alles am Arsch», kichert der Mensch, dem früher die Metzgerei gehört hat, und hält sich die Hand vor den Mund. Aus der Nähe betrachtet ist das glitzernde Rouge nur Schweiß und Bluthochdruck. Schade, denke ich. Zwischen den Fingern sehe ich auch seine Zähne. Kleine, gelbe Stumpen. Ich würde ihm gerne die Hand vom Mund reißen, weil sich doch wirklich niemand für seine Zähne zu schämen braucht.

«Ich habe heute Nachmittag frei, wir sehen uns dann morgen früh», wendet sich Alex(andra Sofie) nun an Janne, der immer noch neben mir steht und so ungewohnt still ist. Und zu mir sagt sie: «Du kannst mitkommen. Janni und ich joggen morgens immer.»

«Bisher erst dreimal.» Janne kann wieder reden, aber er wirkt ziemlich verlegen. «Eigentlich nur zweimal. Einmal bin ich kollabiert.»

«Er hatte ein bisschen Kreislauf», erklärt Alex(andra Sofie) mir und dem Menschen, dem früher die Metzgerei gehört hat, «weil er zu wenig getrunken hat.»

«Ich bin in den Straßengraben gefallen», ergänzt Janne zerknirscht.

«Das klingt doch nach einem großen Spaß», sage ich, obwohl ich nicht wirklich darauf brenne, kurz nach Sonnenaufgang durch die Gegend zu rennen. Aber es sind Sommerferien, und meine Schichten in der Tankstelle beginnen erst am frühen Nachmittag. Genug Zeit also, um morgens mit Janne in irgendwelche Straßengräben zu stürzen. Und sei es auch nur, um Alex(andra Sofie) wiederzusehen.

Wir verlassen den Frisörsalon, gehen zur Mitte des Dorfplatzes, wo fünf steinerne Fische Wasser in ein steinernes Becken spucken. Janne setzt sich auf den Rand des Springbrunnens, mit dem Rücken zum Frisörsalon. Die Fische spenden dort ein wenig Schatten, und jeder Mensch weiß, dass man auf Sonne gut verzichten kann, wenn man schwarze Kleidung trägt. Er klopft mit der flachen Hand auf den Platz neben sich. Ein kleines Fleckchen Schatten gäbe es da noch für mich, dafür müssten wir ganz dicht nebeneinandersitzen. Vielleicht brauchen wir keine drei Armlängen Abstand, denke ich, aber eine Armlänge sollte es mindestens sein, ohnehin trage ich seit zehn Jahren keine schwarzen Klamotten mehr, deshalb setze ich mich mit ausreichend Abstand neben Janne mitten hinein in die fetten Strahlen der Sonne, die nun hoch am Himmel steht. Nur in der Ferne sind ein paar weiße Wolken zu sehen, und Janne, der holt eine Karotte aus seiner Tasche.

«Joggen und Karotten?», frage ich. «Wer bist du?»

Und ich finde die Frage durchaus berechtigt, denn normalerweise sitzt er die ganze Zeit auf einem Hocker und isst Schokoladenerdnussriegel, wenn wir zusammen sind. Dabei weiß ich natürlich auch, dass wir ‹normalerweise› einen exorbitanten Blödsinn finden.

«Darf ich keine Karotten essen?» Janne beißt ein riesiges Stück ab, als ob er mir damit irgendetwas beweisen könnte.

«Du darfst alles», sage ich und zucke mit den Schultern, «die Frage ist nur, ob du es willst.»

Er sieht mich an, und seine Stimmung ist plötzlich wie der Schattenplatz und sein T-Shirt, ich kann die drei kaum noch auseinanderhalten, weil neben mir alles dunkel ist.

Und da befürchte ich, ja, da befürchte ich, dass wir uns nur in der Tankstelle verstehen und dass wir hier draußen, mitten im Dorf, dann doch nur zwei Fremde sind, die sich nicht viel zu sagen haben.

Wir sitzen ein paar Minuten auf dem Brunnenrand und haben keine Worte füreinander. Menschen gehen über den Dorfplatz, gehen an uns vorbei. Geblümte Kleider mit dünnen Trägern, verwaschene T-Shirts, korrekt geknöpfte Hemden. Alle nicken Janne zu oder heben kurz die Hand, und er grüßt zurück, sagt ihre Namen. Sogar die Hunde wedeln mit den Schwänzen, und ein Rauhaardackel rennt zu Janne, um ihm über die Hände zu lecken. Manche schauen kurz zu mir, aber kein Nicken, keine gehobene Hand, kein wedelnder Schwanz. Und ich kenne keinen einzigen ihrer Namen.

Ich ahne, dass Janne so lange stumm bleiben wird, bis ich meinen Mund aufmache. Wenn er nicht redet, kann er ziemlich gut schweigen. Natürlich könnte ich aufstehen und gehen, das wäre keine große Sache für mich. Das Problem ist nur, dass ich für den Rest des Tages keine anderen Pläne habe, noch nicht einmal eine Schicht an der Tankstelle. Und so sollten doch keine Sommerferien beginnen, selbst meine nicht.

«Bist du jetzt sauer, wegen der Karotte?», frage ich, weil alles besser ist, als die Tante schon mittags aus ihrem Bastelzimmer schmeißen zu müssen, sogar den ersten Schritt zu machen, obwohl man sich gar nicht richtig gestritten hat.

Janne sieht an mir vorbei, und sein Blick hält sich an den Fenstern der geschlossenen Kneipe fest. Der Platz im Schatten hat nicht verhindern können, dass seine Nase von der Sonne leicht gerötet ist.

«Ich kann nur den Spruch nicht leiden?», sagt er. «So von wegen du kannst tun, was du willst?» Und nach einer Pause noch einmal. «Du kannst tun, was du willst ... Weil stimmt halt nicht.»

Nun bilden sich auch rote Flecke auf Jannes Kinn und auf seiner Stirn, während er in einen Redefluss abtaucht. «Außer natürlich, du heißt Leo. Dann schreibst du dich für Jura ein und reist durch die Weltgeschichte, ziehst dein Ding durch und wirst trotzdem bejubelt?»

«Und Leo ist wer?», frage ich eilig dazwischen, weil ich nicht so genau kapiere, ob das wieder so eine Sache wird wie mit dem Dingeldong und dem Hans, der nichts mehr lernt.

«Mein großer Bruder?» Kurz sieht Janne so aus, als würde er auf der Stelle paddeln und untergehen, aber einen Moment später strömen die Worte erneut aus ihm heraus. «Der lässt meine Eltern mit dem Frisörsalon allein, aber sie sind keinen Millimeter sauer oder enttäuscht? Die sagen nur ganz stolz: «Leo muss die Welt erobern.» Dabei interessiert er sich nur für sich selbst, oder was?» Die letzten Worte hat er ein wenig leiser gesagt, weil Menschen an uns vorübergehen, die Ledersandalen und Einkaufstaschen tragen und denen er freundlich zunickt. Es scheint unwahrscheinlich anstrengend zu sein, ein ganzes Dorf zu kennen. Das wäre kein Leben für mich.

Inzwischen ist Jannes komplettes Gesicht rot, und ich nutze den kurzen Augenblick der Stille, um ein paar Puzzleteile aus dem Redefluss zu fischen und zusammenzusetzen. «Deshalb arbeitest du also in dem Frisörsalon? Gar nicht, weil du so gerne redest?»

«Mein Vater hat Arthrose in seiner Schulter, der schafft das nur noch ein paar Jahre? Und sie finden niemanden, der den Laden kaufen will. Ich bin also ihre einzige Chance, dass das mit dem Frisörsalon weitergeht? Dabei kriege ich noch nicht einmal einen geraden Pony hin.» Janne sieht genauso zerknirscht aus wie vorhin, als er von seinem Sturz in den Straßengraben erzählt hat.

«Immerhin bist du die Chance für jemanden. Eine Chance in fünfter Generation», versuche ich, Janne aus der Strömung ans Ufer zu ziehen, oder aus dem Straßengraben, einfach irgendwo raus. «Guck mich an», ich zeige mit allen zehn Fingern auf mich und mein zerknittertes T-Shirt, «ich bin immer nur ein Problem.»

Jetzt sitze ich mit einem halben Oberschenkel im Schatten. Ich weiß nicht genau, ob die Sonne weitergewandert ist oder ob ich ein paar Zentimeter an Janne herangerückt bin. Und Janne, der folgt meiner Aufforderung und guckt mich an. Seine Nase nicht mehr ganz so rot. Es ist wohl doch die Wut, es ist nicht die Sonne gewesen. «Für mich bist du kein Problem», sagt er leise, obwohl gerade niemand an uns vorübergeht. Und dann, nur noch ein Wispern: «Eine Chance tatsache.» Ich muss zum zweiten Mal an diesem Tag auf den Boden gucken, aber jetzt sind es Pflastersteine und nicht die hellgrauen Fliesen des Frisörsalons, und diesmal ist es Janne und nicht Alex(andra Sofie).

«Abwarten», sage ich. Aber vielleicht denke ich es auch nur.

Wir verbringen Jannes gesamte Mittagspause auf dem Brunnenrand. Er teilt seine Karotten mit mir, und ich biete ihm die restlichen Kokoskekse an.

«Man braucht Fett, damit der Körper die Nährstoffe aufnimmt, ein paar Kekse zur Karotte sind quasi gesund», beruhige ich ihn mit meinem Wissen aus der Zeitschrift *Fittifit*, die ich vor ein paar Tagen in der Tankstelle durchgeblättert habe. «Und Kokosnuss sowieso.»

«Das sagt Alex auch.» Janne betrachtet nachdenklich die Kekse, bevor er sich zwei aus der Packung nimmt.

«Und wenn sie das sagt.» Ich sehe das makellose Gesicht von Alex(andra Sofie) vor mir. «Sie isst bestimmt wahnsinnig gesund.»

«Sie ist wunderschön.» Janne stiert in den Himmel und hat sich verlaufen, irgendwo hinter der sperrangelweit offenen Tür.

«Weißt du, wer auch wieder gesund ist?» Ich wechsele das Thema, damit er zurück auf den Brunnenrand findet, weil ich ihm nicht durch diese Tür folgen will. Ich möchte vor der Türschwelle stehen bleiben, so lange es geht. «Die Tante. Sie ist wieder gesund und sitzt die ganze Zeit in ihrem Bastelzimmer.»

«Wieder gesund, Frau Geissler?», fragt Janne und ist immer noch woanders. So richtig verheddert, richtig übel verheddert hat er sich zwischen den weißen Wolkenfetzen. «Ich dachte, die hat Krebs.»

DIE TANTE sitzt nicht im Bastelzimmer. Sie sitzt lesend im Schatten eines roten Sonnenschirms, und unter ihrer Seidenbluse zeichnen sich knöchrige Schultern ab, die mir vorher noch nie aufgefallen sind. Es könnte sein, es liegt an diesen knöchrigen Schultern, dass ich direkt und ohne Umwege frage: «Hast du wirklich Krebs?», und ein bisschen erschrecke ich mich selbst vor meinen Worten. Ich bleibe regungslos in der Terrassentür stehen, während die Tante weiter auf ihr Buch schaut. Ihre Pupillen sind genauso regungslos wie ich.

«Wer sagt das?» Ihr Blick immer noch starr auf der bedruckten Seite. «René?»

«Du weißt doch, die Leute.» Ich mache mit dem linken Arm eine unbestimmte Geste zu den Zucchini im Hochbeet.

«Die Leute», schnauft die Tante nun, «die Leute reden immer.»

Dann hebt sie langsam den Kopf, wie in Zeitlupe, und legt das Buch neben sich auf den Tisch. Ein pastellfarbenes Cover mit drei Herzen drauf.

«Schau mich nicht so an», zischt die Tante. «Auf dein Mitleid kann ich verzichten.»

«Keine Sorge, Agnes.» Ich lächle, und mein Blick wandert zu den Rosensträuchern, ich zähle sieben abgeknickte Blüten.

«Selbst wenn ich so etwas hätte wie Mitleid, dir würde ich es bestimmt nicht geben.»

Ich drehe mich um und gehe in die Küche, um mir einen Joghurt zu holen, bevor ich oben im Bastelzimmer verschwinde. Soll die Tante hier unten doch schnaufen, zischen und fauchen. Neben dem Kühlschrank auf der Arbeitsfläche steht ein Glas mit Essiggurken. Vielleicht hat die Tante das Glas dort vergessen. Vielleicht ist sie noch zu schwach, um das Glas zu öffnen. Vom Fieber. Oder vom Krebs.

Ohne lange darüber nachzudenken, schraube ich das Glas auf, nehme einen Teller aus dem Schrank und lege die Essiggurken darauf. Wie eine Essiggurkenblume oder wie ein Stern aus Essiggurken. Wie irgendein Gebilde, das in den Beruhigungsgläsern der Tante schwimmen könnte, so sieht es aus.

Ich gehe zurück in den Garten und stelle den Teller auf den Tisch, schiebe das Buch ein wenig zur Seite.

«Nicht, weil du Krebs hast», stelle ich sofort klar. «Nur, weil heute nicht normalerweise ist.»

Es kommt selbstverständlich kein «Danke» aus dem Mund der Tante, bevor sie eine Essiggurke hineinsteckt. Und auch nicht, nachdem sie die Gurke langsam zerkaut und runtergeschluckt hat. Doch dann hebt sie den Teller hoch, ohne mich dabei anzusehen.

«Willst du eine?», fragt die Tante. «Sie sind natürlich nicht so süß wie deine Kokoskekse.»

Ich bin erstaunt, dass sie überhaupt von mir und den Keksen weiß, nehme eher aus Reflex eine der geviertelten

Gurken, danach noch eine, und noch eine. Beim vierten Gurkenviertel habe ich mich an die Säure gewöhnt, die mir alles im Mund zusammenzieht, und während die Tante und ich gemeinsam den Essiggurkenstern vernichten, sagt sie:

«Der Krebs weiß wirklich, wie man etwas kaputt macht. Dagegen bist du nur eine elende Amateurin. Und trotzdem – wenn du noch einmal eines meiner Gläser aus dem Fenster wirfst, schmeiße ich dich eigenhändig hinterher, darauf kannst du dich verlassen.»

Ich nicke und wische mir das saure Gurkenwasser vom Kinn, denke wieder an die fehlende Kuh. Nur weil die Tante Krebs hat, muss sie kein besserer Mensch sein.

«Und das Buch hat mir René gekauft», ergänzt die Tante noch, «unerträglicher Kitsch ist das!»

ES GIBT drei Wege, um das Dorf zu verlassen.

Es gibt die Straße, die in die Stadt führt und die der Busfahrer jeden Tag fahren muss, an der Wiese mit der fehlenden Kuh vorbei. Dann gibt es die Straße, auf der man bis zur Autobahn kommt. «Fluchtweg», hat der Tankstellenbesitzer sie mal genannt. An dieser Straße liegt nämlich auch seine Tankstelle. Und schließlich gibt es noch eine schmale Straße, die irgendwann auf einen Waldweg trifft und die wahrscheinlich nur von Spaziergängern, Fahrradfahrern und Traktoren genutzt wird. Genau an dieser Straße stehe ich am ersten Ferientag pünktlich um 5 Uhr 30, kurz nach Sonnenaufgang. Janne hat sie mir gestern gezeigt, bevor er wieder in den Frisörsalon musste, um die Haare von Frau Perschler zu waschen. «An ihren Pony lässt sie nur meinen Vater», hat Janne noch gesagt, dann ist er zurück zum Dorfplatz gegangen und hat mich vor einem gelben Haus an Dorfausgang Nummer drei zurückgelassen. Ich musste an meinem Handy den Routenplaner einschalten, um zu Renés Haus zurückzufinden. Inzwischen kenne ich hier jede Kuh, aber manche Straßen im Dorf sind mir nach wie vor unbekannt, was mich ordentlich beruhigt.

«5 Uhr 30 ist schon ein bisschen übertrieben, findet ihr

nicht?», sage ich laut, als Janne und Alex(andra Sofie) auf mich zukommen. Janne wie immer in einem schwarzen T-Shirt, dazu eine schwarze Jogginghose, die zwar so heißt, aber garantiert nicht fürs Joggen gemacht ist, sondern zum Abhängen auf der Couch. Alex(andra Sofie) trägt eine richtige Laufhose mit passendem Trägertop, rot-weiß gestreift. Und meine Klamotten sind die, die ich immer trage. Jeans und T-Shirt. Nur meine Turnschuhe habe ich heute ausnahmsweise zugebunden.

«In einer halben Stunde kommen die Hunde», antwortet Alex(andra Sofie) nur und läuft los.

Während ich schnell zu ihr aufschließen kann und locker neben ihr hertrabe, bleibt Janne in unserem Windschatten hängen.

Nach ein paar Minuten biegen wir links auf einen Waldweg ab. Der Boden gibt unseren Schritten nach, sofort erhöhen Alex(andra Sofie) und ich das Tempo.

«Ihr zwei?», keucht Janne hinter uns. «Ihr zwei seid eine totale Katastrophe für mein Selbstwertgefühl.»

«Atmen», ruft Alex(andra Sofie), «immer atmen.»

Wir laufen weiter und schweigen. Alex(andra Sofie) und ich schweigen, weil wir es so wollen, und Janne schweigt, weil ihm die Luft zum Sprechen fehlt. Manchmal ist Reden eben doch nicht wie Atmen, selbst für Janne nicht.

Die Sonne scheint durch die Zweige hindurch, aber sie ist noch zu schwach, um einem auf die Nerven zu gehen, sie wirft einfach nur schöne Lichtmuster auf die Stämme der Bäume. Alles wirkt sanft und friedlich, so früh morgens im

Wald. Die Luft ist golden mit ein paar grünen Tupfern drin. Alex(andra Sofie)s ruhiger Atem neben mir. Der weiche Erdboden, die verschlafenen Stimmen der Vögel. An diesem Ort scheint alles mit allem verbunden zu sein. Die Bäume. Die Vögel. Die Insekten. Und sogar die Pilze sind für irgendwas gut. Niemand kann hier nur für sich sein, und mir wird ein bisschen schlecht von so viel Natur um mich herum.

Weil ich eine Zimmerpflanze bin, denke ich, eine neonfarbene Zimmerpflanze.

Alex(andra Sofie) und ich springen über eine Baumwurzel, die sich mitten auf dem Weg aus der Erde geschoben hat. Hinter uns ein Ächzen von Janne, der sich mit rudernden Armen gerade noch vor einem Sturz retten kann. «Nichts passiert», japst er, und ich bin dankbar, dass sein Japsen die Stille durchbricht. Janne gehört genauso wenig in diesen Wald wie ich. Die Bäume. Die Vögel. Die Insekten. Und sogar die Pilze. Sie würden ihn alle auffressen.

Als ich endlich das Ende des Waldes vor mir erblicke, laufe ich schneller, und erst als meine Turnschuhe wieder Asphalt berühren, halte ich an. «Das war ein Endspurt direkt aus der Hölle», schnauft Alex(andra Sofie), die sich von mir nicht hat abschütteln lassen, trotzdem lacht sie und zeigt ihre großen Zähne. Ich spüre, wie sich mein Herzmuskel schneller zusammenzieht. Wegen der Tempoverschärfung und vielleicht auch wegen Alex(andra Sofie)s Lachen, ihren Zähnen und ihrem Gesicht, das durch die Anstrengung leicht gerötet ist. Ich schaue an ihr vorbei die Straße hinunter. In der Ferne sehe ich den Rand eines Dorfes und erkenne das gelbe Haus, vor dem ich gestern mit meinem Routenplaner gestanden habe.

Als ich hinter mir das Keuchen von Janne höre, drehe ich mich um. Er bleibt gar nicht erst stehen, sondern schmeißt sich direkt auf den Grasstreifen neben der Straße, rollt sich auf den Rücken. Sein roter Haarreif rutscht ihm vom Kopf.

«Das war doch schon viel besser als beim letzten Mal», muntert ihn Alex(andra Sofie) auf, «und am Ende des Sommers reißt du die paar Kilometer auf einem Turnschuh ab», aber Janne schließt nur mit einem lauten Stöhnen die Augen.

«Wollen wir noch eine Runde?», fragt Alex(andra Sofie). Sie sieht mich an, und ich schaue wieder zum Dorfrand.

«Nein, ich habe genug für heute», sage ich und fahre mit dem Handrücken über die Stirn, auf der kein einziger Schweißtropfen zu finden ist. Alex(andra Sofie) sieht mich immer noch an, nun mit einer hochgezogenen Augenbraue und schiefen Mundwinkeln. «Wie du meinst», sagt sie, drückt einen Knopf an ihrer Armbanduhr und verschwindet zwischen den Bäumen.

«Vielleicht sollte ich einfach akzeptieren, dass ich mit 71 sterben werde», flüstert Janne.

Ich muss an die Tante denken und frage mich, wie alt sie wohl ist. Und wie viel Zeit sie noch hat.

Ich setze mich neben Janne, der immer noch mit geschlossenen Augen daliegt, und nehme seinen Haarreif in die Hand. Es fühlt sich an, als berührte ich irgendein Körperteil von ihm, sein Schienbein oder seinen Ellenbogen oder seinen Nacken. Schnell lege ich den Haarreif wieder zurück ins Gras.

Ich beobachte, wie sich Jannes Brustkorb hebt und senkt. Beobachte, wie sein Herzschlag langsamer wird. Wenn er auf dem Rücken liegt, sieht sein Bauch ganz flach aus.

«Immerhin?», sagt er irgendwann und öffnet die Augen. «Ich bin diesmal nicht in den Straßengraben gefallen.»

Dann richtet er seinen Oberkörper auf, wischt sich die schweißnassen Haare aus dem Gesicht und schaut sich suchend um. Ich will nach dem Haarreif greifen, im gleichen Moment streckt auch Janne seine Hand aus. Nun ist es wirklich eine Berührung, drei Finger seiner linken Hand streifen meinen rechten Handrücken, seine Fingerkuppen sind weich.

«Nimm du, ist ja deiner», sage ich hastig und verschränke meine Arme, während sich Janne den Haarreif zurück in die Haare schiebt. Er mustert mich mit überraschtem Blick. «Du schwitzt überhaupt nicht, oder?»

«Doch», widerspreche ich. «Bestimmt unter den Achseln.» Ich löse meine Arme aus der Verschränkung und hebe sie hoch, bemerke erleichtert, dass zwei kleine Flecken auf dem T-Shirt-Stoff zu sehen sind. «Siehst du, feinste Schweißflecken auf pinkem Grund!»

«Das bisschen da?», fragt Janne, und seine Stimme klingt verzweifelt.

«Ich habe doch kein Fahrrad», suche ich nach Erklärungen und senke die Arme wieder. «Wenn man überallhin laufen muss, zur Tankstelle und was weiß ich, dann rennt man irgendwann automatisch, quasi aus Langeweile.»

Janne pflückt ein Kleeblatt und hält es mir hin. Es hat nur drei Blätter, aber ich nehme es trotzdem. Vielleicht ist das Glück am Ende doch kein Braunbär. Vielleicht besteht es aus genau diesen drei Blättern.

«Früher ist Alex immer mit meinem Bruder gejoggt?», sagt Janne. «Und dann hat er Schluss gemacht.»

«Mit dem Joggen?»

«Nein, mit Alex.» Jannes Blick verliert sich wieder irgendwo am Himmel, aber diesmal gibt es keine weißen Wolken, in denen er sich verheddern kann. «Leo war ihr erster Freund. Vor einem Jahr ist er weggezogen, und davor hat er Schluss gemacht.»

«So ein Idiot», rutscht es mir heraus.

Janne antwortet nicht, aber sein Blick löst sich vom Himmel. «Jetzt kommen die Hunde», warnt er. Und nun höre auch ich das Bellen und Jaulen. Eine Gruppe aus Menschen und Hunden bewegt sich auf uns zu.

«Alle aus dem Neubaugebiet?», sagt er. «Jeden Morgen kommen sie, bevor sie zur Arbeit in die Stadt fahren.» Janne steht auf und klopft sich ein paar Grashalme von der Jogginghose, während ich vorsichtig das Kleeblatt in meine Tasche stecke. «Gleich lassen sie ihre Hunde da drüben auf der Wiese laufen? Dann ist hier Rambazadamba, also nichts wie weg.»

Ich springe auf die Beine, und Janne hebt seine Hand. Er streicht mit dem Zeigefinger durch die Luft, in Höhe meiner Nase.

«Was soll das sein?», frage ich und mache einen Schritt rückwärts, um den Abstand zu wahren. «So was wie ein Abschiedsgruß?»

Janne lächelt, auch seine Zahnlücke ist inzwischen eine entfernte Bekannte von mir, und schüttelt den Kopf: «Nein. Nur Sonnenbrand. Bestimmt von gestern?»

Ich denke an die steinernen Fische und den Brunnenrand.

«Dein komplettes Gesicht war gestern rot», sage ich, «aber nicht von der Sonne, sondern weil du so wütend auf deinen Bruder gewesen bist.»

«Ich bin nie wütend?», antwortet Janne irritiert. «Nur traurig. Und dann kribbelt es zuerst in der Nase.»

«Ach so», murmele ich und bin erstaunt, dass ich überall Wut sehe, wo gar keine ist.

Als ich um halb sieben das Bastelzimmer betrete, sitzt die Tante schon am Tapeziertisch. «Was machst du denn hier?», fragt sie unwirsch. «Musst du nicht zur Schule?»

«Ferien», erkläre ich und lasse mich auf das Schlafsofa fallen.

«Auch das noch.» Die Tante verlässt das Zimmer, ohne mich ein einziges Mal anzuschauen.

Als hätte es gestern nicht gegeben.

Als hätten wir niemals zusammen Essiggurkensterne vernichtet.

ES IST nur Alex(andra Sofie), die an Dorfausgang Nummer drei auf mich wartet. «Janni braucht eine Pause», sagt sie.

Alex(andra Sofie) trägt wieder eine Laufhose und ein passendes Top, diesmal orange-weiß gestreift. Ich hocke mich hastig hin und binde meine Turnschuhe zu.

Kaum sind wir losgelaufen, erzählt sie mir bereits von einer Kundin aus dem Frisörsalon. Es ist offensichtlich, dass Alex(andra Sofie) gestern nur für Janne geschwiegen hat, um nett zu sein, weil ihm doch die Luft zum Reden fehlte. «Die hat immer unnormal Angst, dass wir ihr in die Ohrläppchen schneiden. Total verrückt. Sie ist bestimmt fünfzig, ist alle paar Wochen beim Frisör, nie ist was passiert, und trotzdem schiebt sie jedes Mal Paranoia.»

«Tja», sage ich und rede nicht weiter, weil es hinter uns immer lauter dröhnt, rattert und scheppert. Wir verlassen den Asphalt und laufen auf dem Grasstreifen weiter, damit uns ein Traktor mit Anhänger überholen kann. Der Mensch hinter dem Lenkrad hebt grüßend die Hand, als er an uns vorbeifährt. Wenn sein Traktor nicht so laut wäre, würde ich ihn echt gerne fragen, ob er uns gerade aus einer Deluxe-Kabine gegrüßt hat, obwohl sein Sitz auf den ersten Blick ziemlich unbequem aussieht. Aber was weiß ich schon von Deluxe und Traktoren.

Als wir wieder nebeneinander auf der Straße laufen, fragt Alex(andra Sofie): «Du hast eigentlich einen Buzzcut, oder?»

Aus Reflex greife ich in meine Haare, die in den letzten Wochen so sehr gewachsen sind, dass mir Janne inzwischen ohne Probleme einen schiefen Pony schneiden könnte.

«Kann sein», antworte ich, weil ich von Frisuren genauso viel verstehe wie von Traktoren. «Ich rasiere sie mir alle paar Wochen auf 18 mm, und das war's.»

Ich denke an den elektrischen Haarschneider, den ich nicht in den Rollkoffer gepackt habe und der immer noch im Badezimmer meiner Mutter liegt.

«Buzzcut also», sagt Alex(andra Sofie).

«Buzzcut also», bestätige ich.

«Warum lässt du keine Frisörin an deine Haare?»

«Weil ich Paranoia um meine Ohrläppchen schiebe, wie jeder normale Mensch.»

Wir lachen und biegen auf den Waldweg ein.

«An der Tankstelle erlebst du doch ständig Geschichten mit seltsamen Gestalten», vermutet Alex(andra Sofie), während wir beide das Tempo erhöhen. Ich vermisse Jannes Japsen in unserem Rücken.

«Eigentlich tanken sie alle nur und fahren dann weiter.» Janne und ich sind die einzigen seltsamen Gestalten, die an der Tankstelle herumhängen, aber uns kennt Alex(andra Sofie) ja schon.

«Da ist ein Kunde, der steckt nur den Kopf durch die Tür», fällt mir immerhin ein, «und nimmt dabei nie seinen Motorradhelm ab.»

Ich imitiere seine heisere Stimme, die nach der letzten Ausgabe von *Pony Palloni* fragt. Und dann erzähle ich vom Tankstellenbesitzer und seinem ölbefleckten Tuch, während wir weiter den Weg zwischen den Bäumen entlanglaufen.

«Sascha ist übrigens mein Cousin 3. Grades», sagt Alex(andra Sofie), nachdem ich ihr mit vielen Worten und Gesten das geknetete Tuch beschrieben habe.

«Der Tankstellenbesitzer?»

«Genau. Aber frag mich nicht, was das heißt. Ich check das selber nicht. Der Enkel von meiner Urgroßtante, so ungefähr. Am Ende sind hier alle irgendwie miteinander verwandt.»

Oder man lebt im Neubaugebiet, denke ich.

«Hast du dir mal die Bilder von Sascha angesehen?», fragt Alex(andra Sofie) und weicht einem Stein aus.

«Welche Bilder?»

«In seinem Atelier, neben der Tankstelle.»

«In der Werkstatt?»

«Da stehen überall riesige Leinwände. Sascha benutzt nur dunkle Farben, und trotzdem sind die Bilder niemals düster, ich weiß nicht, wie ich das richtig erklären soll.»

Ich versuche, in meinem Kopf die Automotoren in der Werkstatt mit Ölgemälden im Atelier zu ersetzen und mir den Tankstellenbesitzer als Künstler vorzustellen, aber es gelingt mir nicht. Stattdessen stolpere ich über eine Baumwurzel und falle auf den Waldboden. Alex(andra Sofie) hält mir ihre Hand hin. Ich bin kein Haltegriff. Ich brauche keinen Haltegriff. Aufstehen kann ich alleine.

«Und die Tankstelle?», frage ich, klopfe Erde und trockene Baumnadeln von den Knien meiner Jeans und laufe weiter, als sei nichts geschehen. «Gehört die Tankstelle eurer Familie in, kein Plan, der dritten Generation?»

«Nein. Sascha hat sie gekauft, als er aus New York zurückgekommen ist. Da hat er für ein paar Jahre gelebt.»

Der Tankstellenbesitzer in New York. Ich muss aufpassen, dass ich nicht über die nächste Baumwurzel stolpere.

Trotzdem ist der Wald heute besser zu ertragen. Vielleicht lässt er einen in Ruhe, wenn man sich unterhält, weil er dann glaubt, dass man auch miteinander verbunden ist. Wie die Vögel und die Insekten und sogar die Pilze. Der Gedanke daran, dass ich gerade mit einem anderen Menschen verbunden bin, der Gedanke daran, dass Alex(andra Sofie) und ich jetzt gerade miteinander verbunden sind, und wenn auch nur durch Worte, der ist wahrscheinlich nicht so unangenehm, wie ich es mir gerne einreden möchte.

«Endspurt!», rufe ich, damit ich glauben kann, dass sich mein Herzmuskel nur wegen der Anstrengung schneller zusammenzieht.

«Sehen wir uns morgen früh?», fragt Alex(andra Sofie), als wir wieder auf der Straße am Waldrand stehen. Diesmal atmen wir beide schwer. «Ich jogge lieber mit jemandem zusammen», erklärt sie. «Und hundert Prozent ist Janni morgen auch am Start.»

«Ja, klar», sage ich automatisch.

Ich renne zum Dorfeingang, während Alex(andra Sofie) eine zweite Runde durch den Wald läuft. Und erst als ich am gelben Haus angelangt bin, höre ich vom Neubaugebiet her das Bellen der Hunde.

Als ich nach dem Duschen die Tür des Badezimmers öffne, steht die Tante vor mir. Auf dem Oberteil ihres Schlafanzugs sind zwei schlafende Mäuse abgebildet. Über ihnen steht in geschwungener Schrift: ‹Sweet dreams›. Ich habe die Tante noch nie im Schlafanzug gesehen. Ihre grauen Haare hat sie noch nicht gekämmt, und sie stehen vom Kopf ab. Dunkle Augenringe hat sie, und an ihrer linken Schläfe klebt die Wimperntusche von gestern. Sie sieht aus wie ein alternder Rockstar.

Der einen Mäuseschlafanzug trägt.

«Warum grinst du so?», fragt sie verschlafen. «Hast du irgendwas angestellt?»

«Nein», sage ich. «Es sind einfach nur Sommerferien.»

Am Nachmittag bekomme ich Sascha, den Tankstellenbesitzer, nur kurz zu Gesicht, als er mir eine Rolle 1-Cent-Münzen auf die Verkaufstheke legt.

«Ich habe gehört, Sie haben mal in New York gelebt», sage ich.

«Lange her», knurrt er und knetet sein ölbeflecktes Tuch. Also lasse ich ihn in Frieden, denn ich komme niemandem zu nah und schon gar nicht, wenn er das nicht will.

Nachdem er in seinem Werkstattatelier verschwunden ist, halte ich Ausschau nach seltsamen Gestalten, nach irgendwelchen Geschichten, die ich Alex(andra Sofie) morgen erzählen kann. Doch ich verkaufe nur 153 Liter Benzin, drei Flaschen Cola, zwei Angelzeitschriften und eine Laugenstange. Noch nicht einmal der Mensch mit dem Motorradhelm schaut vorbei.

Ich gehe zu der Wand mit den Zeitschriften und ziehe *Sterne heute* heraus. Ich glaube nicht an Horoskope und den ganzen Ärger, aber alles, wirklich alles ist besser als die Langeweile an einer Tankstelle im Nirgendwo.

Ich blättere durch die Seiten und finde einen Artikel über den Ursprung meines Sternzeichens. Quatschi banana, denke ich und lese mir trotzdem mein Tageshoroskop durch.

‹Sie suchen das Gespräch›, lese ich, ‹und mit Ihrer freundlichen und friedfertigen Art kommen Sie mit vielen Menschen in Kontakt. Aber Obacht: Es könnte zu Enttäuschungen kommen. Dinge, an die Sie Ihr Leben lang blind geglaubt haben, zeigen Ihnen plötzlich eine andere Seite. Nur Mut, dann gelingt es Ihnen auch, einem lieben Menschen so zu begegnen, wie Sie gerne möchten.›

Quatschi bananana, denke ich noch einmal und stecke die Zeitschrift hastig zurück in das Fach für Inneneinrichtung, Lifestyle und Motorsport.

In den nächsten zwei Stunden grübele ich über eine passende Ausrede für den nächsten Morgen nach, damit ich weiterhin blind an alles glauben kann, was mir richtig erscheint, damit ich nicht wie dieser Wald werden muss, der sich mit allem verbinden will. Statt einer Ausrede fällt mir meine leere Kontaktliste ein, ich habe weder die Handynummer von Janne noch die von Alex(andra Sofie).

«Ich möchte gerne zahlen», sagt ein Mensch mit T-Shirt und kurzer Hose ungeduldig, der vor der Verkaufstheke steht, «einmal die 4.»

«Mal nicht so einen Stress machen, ja?!», sage ich so unwirsch, dass selbst die Tante vor Neid erblasst wäre.

Weiß ich doch, denke ich, Horoskope sind kompletter Unsinn.

WIEDER STEHT allein Alex(andra Sofie) vor dem gelben Haus, und mein Herzmuskel zieht sich schon schneller zusammen, bevor wir überhaupt losgejoggt sind. Gestern haben wir noch so getan, als müssten wir Janne in unserem Windschatten mitziehen. Heute warten wir nicht, bis der Waldweg beginnt, sondern starten direkt in einem höheren Tempo.

«Sie haben angefangen, den Autoscooter aufzubauen», sagt Alex(andra Sofie), und ihre Haare, die am Hinterkopf zusammengebunden sind, schwingen mit jedem Schritt nach links oder rechts.

«Dorffest, oder?», frage ich, obwohl seit mindestens anderthalb Wochen ein Werbebanner an der Straße hängt und das verwitterte ‹Schönstes Dorf› verdeckt.

«Kartoffelfest», korrigiert mich Alex(andra Sofie) sofort. «Es ist sozusagen wie Kirmes und das früheste Kartoffelfest in der ganzen Gegend. Die anderen Dörfer feiern erst im Herbst.»

‹Das erste Kartoffelfest›, genau so steht es auf dem Werbebanner am Dorfeingang, und es scheint hier das wichtigste Ereignis des Jahres zu sein, denn Alex(andra Sofie) erzählt begeistert von der Bierbude, an der über Generationen hinweg Freundschaften geschlossen und beendet wurden. Sie erzählt von der Würstchenbude: «Vor der Würstchenbude hat mal jemand einen Herzinfarkt gekriegt. Deshalb gibt es die nicht mehr, weil das zu sehr triggert.»

«Der Opa von Janne?»

«Nein. Das mit dem Opa von Janne ist woanders passiert.»

Und während wir die asphaltierte Straße hinter uns lassen, erzählt sie von der Schießbude. Denn an der Schießbude wurde der Mensch, dem früher die Metzgerei gehört hat, von seiner Frau verlassen.

«Während sie Schluss macht, steht er da, mit dem Gewehr in der Hand. Wollte ihr gerade eine Rose schießen.»

Inzwischen wirkt der Wald vertraut, die Vögel und die Insekten. Sogar die Pilze. Und die Stille, sie ist nicht mehr so schlimm.

«Ist wirklich komisch, dass eure Kundin immer noch Angst um ihre Ohrläppchen hat, obwohl sie ständig beim Frisör ist», unterbreche ich Alex(andra Sofie), die gerade von der Waffelbude erzählt.

«Was willst du denn jetzt mit den Ohrläppchen?», fragt sie. «Check ich nicht.» Und ihre Stimme ist ein bisschen lauter und härter als sonst, ihre Schritte wechseln kurz den Rhythmus. Wahrscheinlich wird sie nicht gerne unterbrochen, oder es stört sie, dass ich so mittendrin zwischen Herzwaffeln und Schokosoße das Thema gewechselt habe.

«Und dieses Fest, das ist dann wo?», frage ich eilig. «Auf dem Dorfplatz?»

«Korrekt», sie klingt wieder ein bisschen versöhnt, «beim Kartoffelbrunnen.»

Jetzt sind es meine Schritte, die aus dem Rhythmus geraten.

«Kartoffelbrunnen, wo soll der denn sein?»

«Direkt in der Mitte.» Alex(andra Sofie) passt sich meinen Schritten an, bis wir wieder im gleichen Takt laufen. «Den Brunnen kannst du echt nicht übersehen.»

Ich rufe mir den gesamten Dorfplatz ins Gedächtnis, ich sehe die Bäckerei, die Kirche, die geschlossene Kneipe, aber ich sehe nur einen Brunnen, ich sehe nur den Brunnen, auf dessen Rand Janne und ich vor drei Tagen gesessen und Karotten gegessen haben.

«Mit den Fischen?», frage ich.

«Mit welchen Fischen?»

«Die Wasser spucken.»

Wir bleiben stehen, mitten auf dem Waldweg, und schauen uns ratlos an.

«Wie kommst du denn auf die Idee, dass das Fische sind?», fragt Alex(andra Sofie). «Die haben doch gar keine Flossen.»

«Aber was soll das sonst sein?»

«Kartoffeln.»

Ich schüttele den Kopf. So unsinnig wie Horoskope ist der Gedanke, dass Janne im Schatten von einer Kartoffel gesessen haben könnte.

«Und warum sollen Kartoffeln Wasser spucken?»

«Keine Ahnung, weil das Kunst ist.»

Alex(andra Sofie) sieht meinen zweifelnden Blick und ergänzt: «Sagt der Dorfvorstand.»

«Dorfvorstand», wiederhole ich und pruste verächtlich. Weil die Erwachsenen uns die Welt immer für etwas verkaufen wollen, das sie nicht ist.

Wir beginnen wieder zu laufen, unsere Schritte finden sofort einen gemeinsamen Rhythmus.

«Gibt es auch eine Losbude?», frage ich, um das Gespräch wieder aufzunehmen und weil ich bei Kirmes immer an Losbuden denken muss.

Und an Luca, das hatte ich vergessen.

Luca, die ihre kompletten fünf Euro für Lose ausgegeben hat. Fünfmal musste meine Mutter ‹leider verloren› vorlesen. Und der riesige Teddy blieb auf der mittleren Stufe der Losbude sitzen. Störte sich nicht an den Tränen auf Lucas Wangen. Ich schenkte ihr meine drei Euro, denn manchmal ist Sahneeis nicht so wichtig. Doch wieder nur ‹leider verloren›. «Im nächsten Jahr, wenn wir fast sieben sind», haben wir uns getröstet. «Im nächsten Jahr klappt es bestimmt.»

«Eine Losbude gibt es auch», sagt Alex(andra Sofie).

«Süßigkeitenbude, was ist mit einer Süßigkeitenbude?», frage ich, um nicht mehr an Luca zu denken.

«Oh ja», seufzt Alex(andra Sofie), «die Süßigkeitenbude. Wollen wir lieber über Ohrläppchen reden?»

«Was immer du willst», sage ich. Aber wir reden nicht über Ohrläppchen, und wir reden auch nicht mehr über das Dorffest. Wir schweigen, bis wir am Ende des Waldes angekommen sind. «Laufen wir noch eine Runde?», fragt

Alex(andra Sofie). Ich antworte gar nicht, laufe weiter neben ihr her, zurück in den Wald. Weil ich merke, dass Alex(andra Sofie) gerade nicht allein mit ihren Gedanken sein möchte. Es gibt ja Menschen, die können das nicht so gut.

Bevor ich die Haustür aufschließen kann, wird sie von innen aufgerissen. Zitternd steht die Tante vor mir. Auf ihrer Stirn eine tiefe Zornesfalte, vom Scheitel bis zur Nasenwurzel.

«Du schmeißt mir nicht deine Dreckwäsche vor die Tür», kreischt sie, und sogar ihre Stimme zittert. Den linken Arm hat sie hoch erhoben, und in der Hand hält sie meinen pinken Einteiler mit Kapuze und Hasenohren. Ich hatte ihn gestern Abend vor ihre Zimmertür gelegt, weil ich mit mir selbst gewettet habe, dass er ihr gefallen würde.

«Agnes, der ist frisch gewaschen, und du kannst ihn haben, wenn du möchtest.» Ich schiebe mich an ihr vorbei in den Flur. «Weil ich in deinem Bastelzimmer schlafen darf. Sogar in den Sommerferien. Und wegen dem Beruhigungsglas, das ich aus dem Fenster geworfen habe. Und den zwei Schneekugeln. Außerdem bin ich wirklich zu alt für Hasenohren.»

Die Tante lässt ihren Arm sinken und streicht über den pinken Stoff.

«Ich finde deine Anwesenheit immer noch unerträglich», sagt sie. Und ich sage zum zweiten Mal an diesem Tag: «Was immer du willst.»

ICH KASSIERE gerade eine Apfelsaftschorle und 43 Liter Super, als Alex(andra Sofie) und Janne auf das Gelände der Tankstelle fahren und ihre Räder neben der Zapfsäule Nummer zwei abstellen. Janne und ich haben uns seit drei Tagen nicht mehr gesehen, und es fühlt sich kilometerweit entfernt an mit mindestens drei Umstiegen, wie er jetzt da draußen steht, obwohl er seinen Haarreif trägt wie immer und obwohl ich ihn doch schon viel länger kenne als Alex(andra Sofie). Beinahe ist es so, als wäre Janne für mich wieder der Typ vom Frisörsalon geworden.

Während der Mensch mit der Apfelsaftschorle zu seinem Auto geht und auf den High Heels kurz das Gleichgewicht verliert, betreten Alex(andra Sofie) und Janne den Tankstellenshop.

«Wir wollen dich abholen», sagt Alex(andra Sofie) und stellt ihren türkisfarbenen Rucksack auf der Verkaufstheke ab. Sie trägt am Abend keine Laufhose. Ein Wunder, dass sie mit dem langen Blumenrock nicht in die Speichen gekommen ist, denke ich.

«So zum Sachen machen», ergänzt Janne. «Weil heute doch Samstag ist.»

Ich schaue auf mein Handydisplay. Es zeigt 20:37.

«Ich arbeite noch bis Mitternacht.»

«Ja dann ...», Alex(andra Sofie) sieht Janne an, aber der sitzt bereits auf dem Hocker an der Kaffeetheke, «... gucke ich mal, was bei Sascha so läuft.»

Wir schauen ihr hinterher. Beobachten, wie sie über den Tankstellenplatz zum Werkstattatelier geht.

Und wie der Blumenrock um ihre Beine tanzt.

«Sascha ist ihr Cousin?», sagt Janne und sieht nun wieder mich an.

«Dritten Grades, ich weiß.»

Er atmet tief ein, wahrscheinlich spürt auch er, dass wir in diesem Moment entferntere Bekannte sind als noch vor drei Tagen. Oder er ahnt, dass wir uns nun beide verirrt haben, irgendwo hinter einer sperrangelweit offenen Tür, zwischen tanzenden Blumenröcken.

«Ich habe meine Laufkarriere heute offiziell an den Nagel gehängt?», sagt er und hebt den Zuckerstreuer in die Höhe, als sei er ein Champagnerglas.

«Schließlich hast du alles abgeräumt, was man abräumen kann», erwidere ich.

«Jede Baumwurzel mitgenommen», bestätigt er.

«Sowieso soll man aufhören, wenn es am schönsten ist.» Ich schnappe mir aus dem Sonderangebots-Karton auf der Verkaufstheke mehrere Tüten mit bunten Schokolinsen.

«Rennen ist Silber, Sitzen ist Gold?» Janne hebt den Zuckerstreuer noch ein paar Zentimeter empor, ich reiße die Tüten auf, schütte die Schokolinsen in beide Hände und werfe sie hoch in die Luft.

Janne und ich schauen nach oben, lassen die bunten Tropfen auf uns niederprasseln.

«Das ist der schönste Konfettiregen, den ich je gesehen habe», sagt Janne und steckt sich eine blaue Schokolinse in den Mund, die auf der Kaffeetheke gelandet ist. «Ich hätte mir tatsache kein würdigeres Ende meiner Sportlerlaufbahn vorstellen können?»

«Gern geschehen», sage ich und lächle. Quatschi banana-na, drei Umstiege und so weiter, denke ich. Janne wird für mich nie wieder nur der Typ vom Frisörsalon sein.

«Irgendwas Interessantes?» Er deutet auf die *Sterne heute*, die aufgeschlagen vor ihm liegt. Ich hatte eben noch einen Blick auf mein Monatshoroskop werfen wollen, nur so zur Sicherheit, man weiß ja nie, ob Unsinn immer Unsinn bleibt. Hatte die *Sterne heute* zwischen *Motorrad forever* und *Sonderausgabe Tischdeko* hervorgezogen und auf die Kaffeetheke gelegt, bevor ich von dem Menschen mit der Apfelschorle und den 43 Litern Super gestört worden bin.

«Willst du wissen, auf welche drei Sternzeichen im nächsten halben Jahr Pech und Elend warten?», frage ich, aber Janne schüttelt energisch den Kopf.

«Ich weiß schon, wann ich sterben werde, das reicht mir.»

Die Tür des Shops öffnet sich, und Alex(andra Sofie) schwingt mit ihrem Blumenrock herein. «Sascha ist gerade im Tunnel. Den siehst du bis zum Feierabend nicht mehr.»

Sie bleibt kurz vor den Zeitschriften stehen, dann geht sie die Regale entlang, an den Dosenravioli und dem Toastbrot vorbei, an den Schlüsselanhängern, bis zu den Gummibärchen und Lakritzvampiren. Es sind fünf Schritte durch den Verkaufsraum, ein kleiner Bogen um die Eistruhe, die in der Mitte steht, schon ist Alex(andra Sofie) auf der anderen Seite bei den Kühlregalen. An ihren Füßen Sandalen mit schmalen, geflochtenen Riemen, ihre Zehennägel dunkelrosa lackiert. Es ist mir bislang nicht aufgefallen, weil ich sie nur beim Joggen getroffen habe und einmal kurz im Frisörsalon, aber Alex(andra Sofie) muss ständig in Bewegung sein, die ganze Zeit, das merkt man jetzt.

«Wir könnten dir helfen», überlegt sie laut, während sie die Glastür vor den Kühlregalen öffnet und schließt. «Also sag an, was gibt es zu tun?»

Ich schaue auf die bunten Schokolinsen, die überall auf dem Boden verteilt sind. «Fegen müsste ich noch. Und wischen könnte vermutlich auch nicht schaden.»

«Perfekt», Alex(andra Sofie) klatscht in die Hände.

«Jep», seufzt Janne und verdreht die Augen, «Alex und ich sind nämlich ein eingespieltes Putzteam?»

«Du wirst schon sehen», strahlt mich Alex(andra Sofie) an, «mit Janni und mir ist sauber machen fast so gut wie feiern gehen.»

Gemeinsam mit ihr betrete ich den kleinen Lagerraum hinter der Verkaufstheke, um Besen und Kehrbleche, Eimer, Schrubber und Bodentücher zu holen. Während ich vor dem Putzmittelschrank hocke und nach dem Bodenreiniger suche, betrachtet Alex(andra Sofie) nachdenklich den Katzenkalender, der neben dem Schrank an der Wand mit

Raufasertapete hängt. Über ihren Wimpern schimmert der Lidschatten in der gleichen Farbe wie die Blumen auf ihrem Rock.

«Genau vor einem Jahr hat Leo mit mir Schluss gemacht», sagt sie. «Leo ist Jannis Bruder.»

«Ich weiß.» Den Allzweckreiniger mit Meeresbrise in der Hand ziehe ich mich an der Schranktür hoch und stehe neben ihr.

«Er hat auf dem Kartoffelfest mit mir Schluss gemacht.»

Ohne ein weiteres Wort, nur mit einem letzten bösen Blick auf das Katzenbaby vom Monat Juli, greift sie sich zwei Besen und geht zurück in den Verkaufsraum.

Ich folge ihr mit der Meeresbrise, einem Eimer und dem Handfeger. «Etwa an der Schießbude?», frage ich, weil ich an den Menschen denken muss, dem früher die Metzgerei gehört hat.

«Hinter der Süßigkeitenbude. Aber ich hätte damals wahnsinnig gern ein Gewehr gehabt.» Alex(andra Sofie) hebt vier Schokolinsen vom Boden auf und sieht sie stirnrunzelnd an. «An dem Tag war ich extrem durch den Wind.»

«Waren wir doch alle irgendwie», sagt Janne mit gesenktem Kopf.

Es scheint fast so, als müssten wir nicht nur den bunten Konfettiregen wegwischen.

«Kehrblech vergessen», murmele ich und gehe noch einmal zurück in den Lagerraum. Als ich zurückkomme, sitzt Janne immer noch mit gesenktem Kopf da, aber Alex(andra Sofie) lächelt mich wieder an mit ihren großen Zähnen, die einfach perfekt sind, und sagt: «Samstagabend, oder? Da hat das Gerede über gestern nichts verloren.»

Sie holt einen Bluetooth-Lautsprecher aus dem Rucksack, startet eine Musikplaylist auf ihrem Handy, und Janne hebt den Kopf. Seine Nase ist ein bisschen rot, aber vielleicht bilde ich mir das auch nur ein.

«Wir hätten dich warnen sollen?», sagt er über den Synthesizer hinweg, «Alex und ich putzen nur zu elektronischer Tanzmusik.»

Dann beginnt der Gesang mit «La la la Da da da», während Janne von Alex(andra Sofie) einen der Besen entgegennimmt.

Tonight forget about your fears, because I wanna dance with you

Er streicht sich das T-Shirt glatt, rollt einmal die Schultern nach hinten. Und dann legt er los, tanzt seinem Besen und dem Beat hinterher durch den Verkaufsraum.

Think I lost my mind

«Zeig uns deinen Hüftschwung, Janni!», kreischt Alex(andra Sofie) und macht gleichzeitig mit ihrem Besen eine Pirouette. Eine Ballerina mit Blumenrock und goldenen Haaren.

Janne kreist mit den Hüften, dann streckt er beide Arme nach oben, den Besen nun waagerecht über dem Kopf, und springt wie ein Flummi um Alex(andra Sofie) herum.

Ich kann kaum glauben, dass das der gleiche Janne ist, der japsend unserem Windschatten hinterherrennen musste.

Daba di dabada

«Kim, mach mit!», brüllt Janne. «Die Musik ist zu schrecklich, um sie einfach nur zu hören? Man muss tanzen, sonst hält man das nicht aus!»

Mit fließenden Bewegungen schiebt Alex(andra Sofie) ihren Besen über den gefliesten Boden.

Please don't break my heart

«Aber ich habe keinen Besen!», brülle ich zurück und winke mit dem Kehrblech.

«Voll egal? Dann tanz halt ohne!», brüllt Janne, während die Musik schon leiser wird. Die beiden bleiben kurz stehen und holen Luft, warten auf den nächsten Track.

Jemand singt *Don't wanna be alone anymore,* bevor die Bässe einsetzen.

Einen Augenblick halte ich inne. Ich habe mir noch nie großartig einen Kopf darüber gemacht, was andere Menschen über mein Aussehen denken. Warum also sollte ich plötzlich damit anfangen. In Trippelschritten tänzeln das Kehrblech und ich um die Kaffeetheke herum zu den anderen.

Dancing on my own

Wir tanzen zu dritt. In großen Bögen und Schlangenlinien und mit wackelnden Hintern fegen Alex(andra Sofie) und Janne, sie fegen Schokolinsen und Straßenstaub neben der Eistruhe zusammen. Und ich, ich schiebe den ganzen Dreck auf mein Kehrblech, bringe ihn mit Luftsprüngen und Drehungen zum Mülleimer. Ein paar Schokolinsen fallen auf den Boden. Janne hebt sie auf, zwinkert mir zu, legt sie mit einer Armwelle zurück auf mein Kehrblech, und ich rufe begeistert: «Noch mal!»

Während er eine Armwelle nach der anderen macht, brüllt er: «Vor ein paar Jahren mal einen Breakdancekurs in der Stadt gemacht? Aber für mehr als den Armwave hat es nicht gereicht.»

Dann ein neuer Track.

Maybe one day, we will fly

Ich werfe das Kehrblech in die Ecke und lasse am Spülbecken Wasser in den Eimer laufen. Im Rhythmus der Musik packe ich mir einen Schrubber und das Bodentuch, während Alex(andra Sofie) die Plastikflasche mit der Meeresbrise öffnet.

Stay here one more time

«Und so putzt ihr also jeden Abend den Frisörsalon?», frage ich mit glühenden Wangen.

«Nur jeden zweiten Mittwoch, wenn Jannis Vater bei der Krankengymnastik ist.»

Nachdem wir den Boden gewischt haben, schlittern wir wie Eiskunstläufer über die nassen Fliesen, wie die schlechtesten Eiskunstläufer der Welt. Wir quietschen und kreischen und stürzen, rappeln uns sofort wieder auf und schlittern weiter. Alex(andra Sofie) und Janne haben ihre Arme ineinander verhakt, sie strecken mir ihre freien Arme entgegen, aber ich lehne ab, mit schüttelndem Kopf und schüttelnden Händen.

«Kommt mir bloß nicht zu nah!», schreie ich und lache, suche nach Halt am Kühlregal.

They think, she's not gonna change, not gonna change, not gonna change

Irgendwann ruft Alex(andra Sofie): «Jetzt noch die Regale», und wirft mir einen Lappen zu.

Und ich frage mich, ob das mit ihr immer so wäre, das ganze Leben in Bewegung und alles ein Spaß.

Als ich über die Regale mit den Schokoriegelpappkartons wische, fällt mein Blick auf Alex(andra Sofie)s Handy. Eine Nachricht leuchtet auf: ‹Sind unterwegs›. Und die Uhr zeigt schon 22:17 an.

Ich verriegele die Tür des Tankstellenshops, öffne das Verkaufsfenster hinter der Theke. Draußen sind bereits die Lichter über den Zapfsäulen angegangen. Ich schließe die Augen, atme die warme Abendluft ein. Sie riecht nach Sonne, Gräserpollen und Benzin.

Ein neues Lied beginnt, das Sample aus irgendeiner Ballade.

Take all my dreams and all my hopes

Ich öffne die Augen, als die Computerdrums den Gesang ablösen. Janne und Alex(andra Sofie), sie tanzen jetzt eng umschlungen. Mir rutscht der Schlüsselbund aus der Hand. Gleichzeitig drehen sie ihre Köpfe zu mir, winken mich heran, erst Janne, dann Alex(andra Sofie), und diesmal suche ich keinen Halt am Kühlregal.

Es ist nur Tanzen, beruhige ich mich selbst, als ich den Schlüsselbund auf dem Boden liegen lasse und langsam zu den beiden gehe.

Alex(andra Sofie) legt sofort ihren Arm um meine Hüfte, und Janne, er nimmt meine Hand. Nur tanzen, denke ich noch einmal.

Wir sehen uns an, Janne und ich. Und wir gestehen uns stumm, dass wir durch die offene Tür gegangen sind. Doch wenn wir uns an den Händen halten, wenn wir aufeinander aufpassen, wenn wir uns nicht verlieren, zwischen den weißen Wolkenfetzen, dann wird uns vielleicht nichts passieren.

You and I you and I you and I

Es gibt nur noch die Bässe und die Schläge unserer Herzen.

Wir drei, das fühlt sich in diesem Moment nach Braunbär an, nach dreiblättrigen Kleeblättern.

You and I you and I you and I

WIR LÖSEN uns erst voneinander, als jemand an das Verkaufsfenster klopft.

«Drei Bier und bitte andere Mucke», ruft er gut gelaunt durch den Fensterschlitz.

«Was, seid ihr schon da?» Alex(andra Sofie) geht zu den Bluetooth-Lautsprechern und schaltet sie aus. Nur ihr Blumenrock tanzt noch immer.

«Hab's doch geschrieben», sagt der Jemand. «Sam und Eike warten im Auto.»

Alex(andra Sofie) schaut auf ihr Handy, und dann schaut sie zu Janne und mir. Wir stehen immer noch an der Stelle, an der wir gerade ein dreiblättriges Kleeblatt gewesen sind.

«Wir wollen in die Stadt, zur Kuhbar», sagt sie. Janne starrt an ihr vorbei zu dem Auto, das neben der Zapfsäule Nummer eins geparkt hat, und dann starrt er vor sich auf den Boden.

«Zu müde», sagt er.

«Kimmi?», fragt Alex(andra Sofie).

«Ich muss noch bis Mitternacht», antworte ich und zucke mit den Schultern. Außerdem habe ich wenig Lust darauf, vor den Augen von Alex(andra Sofie) und ihren Freunden, egal ob sie schauen oder starren, aus einer Kuhbar geschmissen zu werden. Schließlich könnte es möglich sein, dass es die Menschen dort mit dem Jugendschutzgesetz genauer nehmen als Sascha, der Tankstellenbesitzer.

Alex(andra Sofie) packt die Lautsprecher zurück in ihren Rucksack, während ich drei Bier aus dem Kühlregal hole und aus dem Fenster reiche.

«Was ist mit tanken?», frage ich den Typen vorm Fenster, weil ich doch ordentlich angenervt bin, dass er nur mit dem Finger schnipsen und drei Bier bestellen muss, um uns Alex(andra Sofie) wegzunehmen, und ich deute mit dem Kinn auf sein Auto. «Ist nämlich eine Tankstelle. Und da tankt man, an einer Tankstelle.»

Aber der Typ nimmt mich gar nicht ernst, sagt mit einem breiten Grinsen: «Du bist ja ein süßer Stinkstiefel. Bier ist doch auch irgendwie tanken, oder nicht?»

Und da gebe ich auf, öffne Alex(andra Sofie) die Tür, lasse sie gehen, damit sie in ein Auto steigen und zu dieser Kuhbar fahren kann. Janne hat sich keinen einzigen Zentimeter bewegt. Seine Nase, seine Wangen, seine Stirn, sein Kinn. Alles ist rot.

Und da sind wir nun, ein zerrupftes Kleeblatt mit nur zwei Blättern.

JANNE HAT mir den Hocker überlassen. Er sitzt auf dem Boden, den Rücken an die Eistruhe gelehnt, die Beine aufgestellt, und liest die Strickanleitung für einen Pullover mit Zopfmuster vor. Irgendwann hebt er den Arm, schiebt den Deckel der Truhe ein wenig zur Seite und angelt eine Schokoeiswaffel heraus. Ich vermute mal, er hat es selbst gar nicht so wirklich mitgekriegt.

«55 Maschen mit Nadeln Nummer acht und doppeltem Faden anschlagen. Für den Bund fünf Zentimeter gleich zehn Reihen Rippen stricken, dabei mit einer Rückreihe beginnen. Dann mit Nadeln Nummer sieben kraus rechts weiterarbeiten. Für die Schulterschrägungen fünf Maschen ...» Ich bin ein wenig weggeduselt, mit dem Kopf auf der Kaffeetheke, als Janne plötzlich fragt: «Wurdest du schon mal verprügelt?»

Im Dämmerzustand zwischen Schlafen und Wachsein gelingt es mir nicht, mich gegen die Bilder zu wehren. Gegen die Bilder, an die ich mich gar nicht erinnern kann, es aber trotzdem irgendwie tue. Große Hände, die gegen den Körper meiner Mutter schlagen. Noch bevor ich auf der Welt war. Ich spüre sie durch die Bauchdecke hindurch. Durch die Schleimhaut der Gebärmutter. Ich habe sie schon gespürt, bevor mein Herz zu schlagen begonnen hat. Wenn ich an meinen Vater denke, werde ich immer nur an zwei große Hände denken.

«Nein», sage ich, den Kopf immer noch auf der Kaffeetheke, «noch nie.»

«Und hast du schon mal jemanden verprügelt?», fragt er monoton. Als würde Janne mehr mit sich sprechen als mit mir.

Ich denke an das Mädchen im Puppentheater und an meine Mutter. Das eine war Notwehr, das andere ein Unfall.

Ich denke an Luca. Das war etwas anderes.

«Nein», sage ich wieder, «noch nie.»

Im Verkaufsraum der Tankstelle ist es still. Kein Aufzählen von Maschen mehr und schon gar keine elektronische Tanzmusik.

«Und du?», frage ich, richte mich auf und sehe ihn an, weil ich gerade nicht allein mit meinen Gedanken sein kann, nicht mit den großen Händen, nicht mit Luca und schon gar nicht ohne sie. «Was ist mit dir?»

«Sam, der Typ, der im Auto gesessen hat.»

«Den hast du verprügelt?»

«Nicht lustig.»

«’tschuldigung.»

Jannes Unterarme liegen auf seinen Knien, in der Hand hält er das leere Verpackungspapier der Schokoeiswaffel.

«Er hat mir vor zwei Jahren ein paar reingehauen. Wahrscheinlich hat er es längst vergessen? Es war bei einer Party am See, und er war rotzevoll.»

Ich drehe mich auf dem Hocker, habe nun die Kaffeetheke hinter mir, schaue auf Janne herab. Er rappelt sich vom Boden auf und setzt sich auf die Eistruhe. Jetzt schaue ich wieder in sein Gesicht und nicht mehr auf seinen Scheitel, das fühlt sich besser an.

«Warum hat er das gemacht?», frage ich.

«Keine Ahnung. Weil er es konnte und ich nicht normalerweise bin, schätze ich mal? Erst hat er mich geschlagen, dann hat er mir die Badehose runtergezogen.»

«Kindergarten», fällt mir dazu nur ein.

«Aber weißt du, was tatsache Kindergarten ist?», fragt Janne und wartet gar nicht darauf, ob ich eine Antwort habe. «Dass ich mich heute noch schäme. Sobald ich ihn sehe, kann ich nur auf den Boden gucken und hoffen, dass er schnell wieder verschwindet. Ich schäme mich so unbeschreiblich? Dass ich einfach nur, keine Ahnung so von wegen ...»

«Dich hinterm Stromkasten verstecken willst», beende ich seinen Satz.

«So von wegen genau das», sagt Janne deprimiert. «In neun Monaten werde ich achtzehn, und ich hocke immer noch hinterm Stromkasten, wie so ein Sechsjähriger.»

«Mit runtergezogener Badehose.»

«Nicht lustig.»

«'tschuldigung.»

Ich stehe auf, setze mich neben Janne auf die Eistruhe. Eine halbe Armlänge Abstand, und ich halte das aus.

«Bist du wütend?», frage ich.

Janne sieht auf seine kurz geschnittenen Fingernägel.

«Aber du musst doch wütend sein», gebe ich mich mit seinem Schweigen nicht zufrieden.

«Was soll ich machen? Ich bin es halt nicht», sagt er, seine Stimme wie immer dunkel und weich, keine einzige Note Zorn ist da drin.

Ich denke an den Zettel im Portemonnaie meiner Mutter. An die Kaffeemaschine, die fliegenden Untertassen, das Bühnenbild, die Autotüren.

«Es liegt ja auf der Hand, dass du ein Aggressionsproblem hast», stelle ich so nüchtern fest wie der Mensch vom Schulamt. Nur der Kugelschreiber in der Hand, der fehlt mir.

«Jetzt drehst du durch?», erwidert Janne und steckt fest irgendwo zwischen Lachen und Fassungslosigkeit. «Ich bin nie aggressiv.»

«Und genau das ist dein Problem.»

Janne entscheidet sich für beides, er lacht fassungslos und rutscht von der Eistruhe. «Ich hätte damit nicht anfangen sollen, o. k.? Alles ist gut, ich war einfach nur müde?» Er hebt *Dein Strickzeug* vom Boden auf. «Und ich stehe tatsache nicht so auf Bars?»

«Da gehe ich komplett mit», bestärke ich ihn. «Wer will schon am Samstagabend in einer Kuhbar sein, wenn die hier ohnehin überall auf der Wiese rumstehen.» Ich schaue auf mein Handydisplay. Es zeigt 23:58, und Alex(andra Sofie) hat recht behalten: Sascha, der Tankstellenbesitzer, hat sich kein einziges Mal im Shop blicken lassen.

«Du weißt schon, dass die Kuhbar mit C und ohne H geschrieben wird, oder?», fragt Janne.

«Logisch», behaupte ich, «aber das macht es doch auch nicht besser.» Ich springe von der Eistruhe und gehe hinter die Verkaufstheke, um an der Kasse den Tagesabschluss zu machen.

«Am inneren Rand für die weitere Rundung in jeder zweiten Reihe noch einmal drei Maschen, einmal zwei Maschen und dreimal je eine Masche abketten», liest Janne vor.

«Du kannst aufhören», sage ich und trage die Kasse in den Lagerraum, wo der kleine Tresor steht. «Wir haben Feierabend.»

Wenige Minuten später stehen wir bereits draußen an der Zapfsäule.

«Du kannst mein Fahrrad nehmen», hatte mir Alex(andra Sofie) durch das Verkaufsfenster zugerufen, bevor sie in das Auto gestiegen ist.

Janne sitzt schon auf dem Sattel von seinem klapprigen Fahrrad, mit einem Fuß auf dem Pedal, aber ich zögere noch, mit beiden Beinen auf dem Boden.

«Ich bin ewig nicht mehr gefahren», sage ich. «Seit sieben Jahren oder so.»

«Aber du hast doch ein Körpergedächtnis?», versucht mich Janne zu motivieren. «Dein Körper erinnert sich, obwohl du vom Kopf her denkst, dass du es längst vergessen hast.»

Ich hebe meinen rechten Fuß hoch, bis er auf dem schwarzen Fahrradpedal steht, mit dem linken Fuß stoße ich mich vom Boden ab und hole Schwung. Noch fühlt es sich nicht so an, als könnte sich mein Körper an irgendwas erinnern. Einige Male muss ich mit meinen Füßen wieder Halt auf dem Asphalt suchen, damit ich nicht zusammen mit dem Fahrrad zur Seite kippe. Beim vierten Versuch jedoch schaffe ich es, ein paar Meter geradeaus zu fahren.

«Und jetzt immer weitertreten?», ruft Janne von hinten.

Er überholt mich, und wir biegen auf die Straße ab, fahren in die Nacht, die inzwischen tiefschwarz ist, mit ein paar funkelnden Sternen über uns.

«Aber ich kann nicht so schnell, o.k.?», schreie ich, krampfhaft darum bemüht, den Lenker ruhig zu halten und nicht von dem schmalen Fahrradstreifen auf die Fahrbahn für die Autos zu rollen.

«Kein Problem?», ruft Janne. «Du kannst dich in meinen Windschatten hängen.»

Es dauert ein paar Minuten, bis wir uns aneinander gewöhnt haben, Alex(andra Sofie)s Fahrrad und ich. Aber dann trete ich ruhig in die Pedale, rutsche nicht länger auf dem Sattel hin und her. Meine Finger umfassen die Griffe des Lenkers, und ich folge dem Rücklicht von Jannes Fahrrad. In der Ferne leuchtet schon die erste Straßenlaterne am Dorfeingang.

Es ist genau so, wie Janne gesagt hat. Mein Körper hat das Fahrradfahren nicht vergessen, und er hat auch die zwei großen Hände nicht vergessen, immer noch drücken sie gegen die oberen Rippen. Vielleicht liegt es an ihnen, an den zwei großen Händen, dass ich auch die Schläge von diesem Sam spüre – die heruntergezogene Badehose –, obwohl sie doch Janne getroffen haben.

Wenig später fahren wir am Dorfschild vorbei. Ich beschleunige, bis unsere Vorderräder auf gleicher Höhe sind.

«Wo wohnt dieser Sam?», frage ich.

Jannes Fahrrad macht einen kleinen Schlenker nach rechts, und sein Lenker streift den Außenspiegel eines parkenden Autos.

«Warum willst du das wissen?», fragt er zurück. Er klingt ziemlich gestresst, entweder wegen meiner Frage oder wegen des Außenspiegels.

«Wir müssen an deinem Aggressionsproblem arbeiten.» Ich fahre einen halben Meter nach links, damit Janne den parkenden Autos ausweichen kann.

«Aber ich werde ihn nicht schlagen.»

«Entspann dich», sage ich zu Janne und zu dem Auto, das uns mit Lichthupe entgegenkommt. Während ich abbremse, auf die rechte Seite der Dorfstraße wechsele und mich wieder hinter Jannes Fahrrad einfädele, rufe ich ihm zu: «Der ist doch eh noch in dieser Kuhbar, mit C und ohne H.»

Das Auto fährt hupend an uns vorbei, ich zeige den Mittelfinger und lasse nicht locker: «Also, wo wohnt dieser Sam?»

«Das war der Bruder des Ortsvorstehers», seufzt Janne, «in dem Auto.» Er seufzt noch einmal und sagt dann: «Und Sam wohnt direkt hier um die Ecke.»

Wir halten vor einer Doppelhaushälfte. Im Schein der

Straßenlaterne sieht der Putz orange aus. Vielleicht ist er am Tag aber auch weiß oder beige. Die Fahrräder lehnen wir an den Gartenzaun.

«Und jetzt?», fragt Janne. Im ganzen Haus brennt kein Licht mehr. Nur im Vorgarten schimmern ein paar Solarleuchten.

«Welches Fenster gehört zum Zimmer von diesem Sam?»

Janne weicht meinem Blick aus, die Hände in den Hosentaschen.

«Wir können auch weiter Verstecken spielen», werde ich langsam ungeduldig.

«Im Erdgeschoss, das Fenster zum Garten raus.»

Am Haus gegenüber öffnet sich eine Tür, und wir ducken uns hastig hinter ein parkendes Auto.

«Nicht mehr verstecken, hm?», flüstert Janne, aber ich gehe gar nicht darauf ein. Wir hören das Zuschlagen eines Mülltonnendeckels und Schritte, die sich von uns entfernen. Vorsichtig hebe ich meinen Kopf über die Motorhaube des Autos, und als niemand mehr zu sehen ist, richten wir uns wieder auf. Wir schieben unsere Fahrräder ein paar Meter weiter in die Dunkelheit einer defekten Straßenlaterne und lehnen sie dort gegen eine Gartenhecke.

«Du erinnerst dich an die Lehrerin und ihre Kaffeemaschine?», frage ich leise, als wir wieder vor dem Haus von diesem Sam stehen.

«Und an die fliegenden Untertassen, sicher», antwortet Janne.

«Du musst die Siebträgermaschine von diesem Sam

finden und zerstören», sage ich. Trotz des spärlichen Lichtkegels der Straßenlaterne erkenne ich deutlich den Zweifel in Jannes Gesicht. «Also das mit der Siebträgermaschine ist jetzt nicht wörtlich gemeint, eher so symbolisch oder wie man das nennt ...»

«Ich verstehe schon.» Janne betrachtet die verputzte Fassade, die vielleicht weiß oder beige ist. «Aber du willst doch nicht einbrechen, oder?»

«Dieser Sam ist nicht zu Hause, und die anderen schlafen bestimmt», versuche ich ihn zu überzeugen. «Was soll passieren?»

«Und wenn sie mich erwischen? Ich lebe hier.»

«Ich auch.»

«Aber nicht so richtig.»

Reden bringt uns gerade nicht weiter, deshalb klettere ich über den Gartenzaun. Im Slalom schleiche ich um die Solarleuchten und achte darauf, den Abstand zu der Haustür möglichst groß zu halten, damit ich keinen Bewegungsmelder auslöse.

«Du bist total bescheuert», wispert Janne hinter mir, aber dann höre ich seine Schritte auf dem kurz geschnittenen Rasen des Vorgartens. Schritte, die mir folgen. «Wir müssen da rechts an der Gartenhütte vorbei», flüstert er.

Seitlich schieben wir uns durch die schmale Lücke zwischen Hüttenwand und Grundstücksmauer des Nachbarn, bis wir am Rand des Gartens stehen. Einzelne Solarleuchten schimmern in den Blumenbeeten.

«Du hättest dir wenigstens was anderes anziehen können?» Janne spricht wohl von meinem gelben T-Shirt, das heller strahlt als alle Solarleuchten zusammen.

«Das merke ich mir für den nächsten Einbruch», verspreche ich ihm und konzentriere mich dann wieder auf das Haus, in dem dieser Sam wohnt. «Wo ist sein Zimmer?»

Janne deutet auf ein Fenster, das halb von einem Hortensienbusch verdeckt wird. «Das da müsste es sein.» Das Fenster ist einen Spaltbreit geöffnet.

«Es tut mir leid», sage ich und spüre das Grinsen auf meinem Gesicht, «aber das ist nun wirklich eine Einladung.»

Ich will zu dem Fenster schleichen, doch Janne greift meinen Arm und hält mich zurück.

«Kim, ich bin dafür echt nicht mutig genug.»

«Natürlich bist du mutig», widerspreche ich und suche nach einem Beispiel, «du trägst keinen Fahrradhelm.»

«Das ist nicht mutig, das ist eitel.»

«Wie auch immer.» Durch Worte lässt sich Janne ohnehin nicht überzeugen, deshalb renne ich zu dem Hortensienbusch, ziehe mich am Fensterrahmen hoch, schwinge ein Bein darüber und stehe eine Sekunde später in dem fremden Zimmer. Nun beginnt mein Herz doch schneller zu schlagen, und ich aktiviere mein Handydisplay. Schemenhaft erkenne ich, dass das Bett mit der zerwühlten Bettdecke leer ist, und die Basketballposter an den Wänden verraten, dass ich nicht im Elternschlafzimmer gelandet bin.

«Bescheuert bescheuert bescheuert», höre ich Janne draußen fluchen, dann sehe ich schon seinen roten Haarreif, und er plumpst auf den Teppichboden, direkt vor meine Füße.

Ich schalte die Taschenlampe an meinem Handy an, um mich genauer umzusehen.

«Womit kannst du diesen Sam zerstören?», frage ich und nehme eine der glänzenden Statuen in die Hand, die auf einem Regalbrett stehen. «Die Pokale?»

Doch bevor Janne antworten kann, hören wir eine Stimme, direkt vor der Zimmertür.

«Schnubbi, bist du schon zu Hause?» Irgendwer klopft vorsichtig, und wir halten die Luft an, während von außen die Klinke heruntergedrückt wird. In Zeitlupe bewegt sich die Türklinke nach unten, während gleichzeitig die Gedanken in Lichtgeschwindigkeit durch meinen Kopf rasen. Noch könnten wir flüchten, ein Sprung in die Hortensien, und dann über die Mauer nach hinten raus. Aber die Fahrräder, denke ich.

Mit weit aufgerissenen Augen sehe ich Janne an, der wie erstarrt neben dem Kleiderschrank steht. So zu tun, als wären wir eine der Statuen aus dem Regal, das wird wohl nicht funktionieren, befürchte ich. Ich bin eine Zimmerpflanze, denke ich, aber auch das hilft uns jetzt nicht weiter.

Die Klinke wird noch einmal heruntergedrückt. Ich werde alles zugeben, wenn sich gleich die Tür öffnet. Ich werde sagen, dass es meine Idee gewesen ist, dass ich Janne überredet habe, nein, dass ich ihn gezwungen habe, dass er mich zurückhalten wollte, oder besser noch, ich werde mich in den Weg stellen, damit Janne unerkannt aus dem Fenster springen und fliehen kann, mit seinen schwarzen Klamotten, das mit dem Fahrrad erkläre ich schon irgendwie, werde ihn gar nicht erwähnen, bei der Polizei oder wo auch immer, werde schwören, auf meine Mutter und den ganzen Ärger, dass ich es allein gewesen bin, so wie immer allein gewesen bin.

Aber die Tür öffnet sich nicht.

«Schnubbi?», fragt die Stimme wieder leise, dann hören wir das Knarzen von Treppenstufen aus Holz.

Ohne uns noch einmal anzusehen, spurten wir zum Fenster und lassen uns hinter die Hortensie in das Blumenbeet fallen.

«Sam hat seine Tür abgeschlossen, damit niemand hineinkommen kann», jubele ich flüsternd in Jannes Ohr, «aber du, du warst drin.»

«Und nicht nur das», triumphiert auch er leise, «ich habe das hier.» Janne hebt ein Paar Turnschuhe in die Höhe. «Sam liebt die? Darauf haben alle Spieler seiner Lieblingsmannschaft unterschrieben. Und die kommen jetzt ins Güllefass.»

«Fühlt sich gut an, oder?», frage ich. Unsere Körper sind dicht nebeneinander, enger noch als vorhin beim Tanzen.

«Und wie.» Seine Augen funkeln so sehr, dass mein T-Shirt dagegen zur kümmerlichen Solarleuchte wird.

Wir warten noch ein paar Minuten, und als alles ruhig bleibt, krabbeln wir hinter der Hortensie hervor, schieben uns erneut an der Gartenhüttenwand entlang und rennen in geduckter Haltung zu unseren Fahrrädern.

Völlig außer Atem lässt Janne die Turnschuhe in den Gitterkorb fallen, der auf dem Gepäckträger seines Fahrrads klemmt.

«Jetzt fahren wir zu der Schwester von Doktor Kleist», sagt er, während er immer noch nach Luft ringt.

«Die von der Supermarktkasse?»

«Die alte Verräterin.»

Die Schwester von Doktor Kleist wohnt am anderen Dorfrand in einem renovierten Fachwerkhaus.

«Sie arbeitet nur aus Langeweile im Supermarkt?», erklärt Janne, während wir hinter einem Wohnmobil in Deckung gehen. «Und weil es da immer was zu tratschen gibt.»

«Dann wollen wir mal», sage ich. Aber als ich das Fahrrad von Alex(andra Sofie) gegen das Wohnmobil lehnen will, hält mich Janne zurück.

«Du passt hier auf die Fahrräder auf, bitte? Diesmal schaffe ich das tatsache ohne Hilfe.»

Er drückt mir den Lenker von seinem klapprigen Fahrrad in die Hand und läuft über die Straße auf das Fachwerkhaus zu.

Angestrengt horche ich in die Nacht. Zirpen auf den Feldern, und irgendwo kämpfen zwei Katzen. Keine umstürzenden Gegenstände, kein Geschrei, keine Sirenen. Nur Zirpen und Katzen. Und Stille.

Gerade als ich denke, dass ich diese Stille nicht mehr ertrage, ohne ein paar Steine gegen das Wohnmobil zu werfen, ohne einen kleinen Kieselsteinregen, höre ich das Keuchen von Janne, und ich schiebe hastig unsere Fahrräder auf die Straße. Er rennt auf mich zu, in seinen Armen ein Engel aus Stein.

«Schnell, schnell, schnell», ruft er, «da war noch Licht.»

Janne wirft den Engel zu den Turnschuhen in den Gitterkorb, wir springen auf die Fahrräder und rasen los, halten erst an, als das Dorf hinter uns nur noch eine schwach blinkende Lichterkette ist.

Janne drückt mit seinem Fuß den Fahrradständer hinunter, lässt das Fahrrad mitten auf der Straße stehen. Er taumelt lachend auf eine Wiese, die rechts von der Straße liegt, sinkt auf die Knie. Er lacht so laut, dass ich zusammenzucke und mich nervös umgucke, aber hier ist niemand außer uns. Nur links von der Straße erkenne ich den Wald.

«Das war das Hochzeitsgeschenk ihres Mannes.» Die Stimme von Janne bebt vor Lachen. «Sie hängt wahnsinnig daran. Sie hängt so unglaublich wahnsinnig daran, dass sie es ständig im ganzen Dorf herumtrompetet? Es gab sogar mal ein Interview mit ihr, in der Zeitung ... Über diesen Engel ...» Zwischen den Sätzen muss Janne immer wieder Pausen einlegen, so sehr wird sein Körper vom Lachen durchgeschüttelt. «Sogar mit Foto ... Und ich werfe ihn gleich ins Güllefass ... Pähm Pähm Paddauz.»

Weil ich keinen anmontierten Fahrradständer finden kann, lege ich Alex(andra Sofie)s Fahrrad vorsichtig neben die Straße. Nachdem ich auch Jannes Fahrrad an den Straßenrand geschoben habe, gehe ich über die Wiese, setze mich neben ihn in das Gras. Es ist ein langer Abend gewesen, aber Janne riecht immer noch nach Sommerregen. «Du hast recht gehabt», sagt er. «So von wegen Stromkasten? Wofür soll ich mich schämen? Wofür? Nicht, wenn ich Sam sehe oder wenn ich Schokolade im Supermarkt kaufen will und schon gar nicht für meine Gefühle.»

Es sind nicht nur Jannes Augen, die funkeln. Sein ganzer Körper ist wie elektrisiert, um ihn herum scheint die Luft zu glühen. Und ich kann fühlen, was er fühlt, diese Befreiung von irgendwas, obwohl mir niemand rote Nasen macht, obwohl ich doch eigentlich immer nur zornig und niemals traurig bin.

«An dem Abend, als mein Bruder mit Alex Schluss gemacht hat, genau vor einem Jahr, weißt du, was ich da gemacht habe?» Janne schaut hoch zu den Sternen. «Schlabalanski im Himmel», murmelt er, «es ist immer noch peinlich, aber ich erzähle es trotzdem.» Er streckt mir beide Arme hin. «Kannst du bitte meine Hände festhalten, damit ich sie mir gleich nicht vors Gesicht schlagen kann?» Ich umfasse seine Hände, spüre kleine Stromschläge an meinen Handflächen. Aber ich nehme mir fest vor, sie nicht loszulassen.

«Ich bin zu Alex nach Hause gegangen und habe ihr ein Lebkuchenherz geschenkt. ‹Alles wird gut› hat da draufgestanden.»

«Das war doch nett …», sage ich, aber Janne lässt mich nicht weiterreden.

«Es wird schlimmer? Ich habe Alex das Lebkuchenherz umgehängt. Und dann. Dann habe ich ihr tatsache eine Liebeserklärung gemacht. Ganz schrecklich dramatisch.» Seine Hände wollen sich aus meinem Griff winden, aber ich lasse nicht los. Janne kneift die Augen fest zusammen und redet weiter, ohne Luft zu holen: «Ich meine, stell dir die kitschigsten Worte vor, die allerkitschigsten, die es in diesem Universum gibt, und pack noch ein Sahnebaiser obendrauf, das alles in riesiger Leuchtschrift mit fliegenden weißen Tauben und Herzluftballons, dann hast du es ungefähr.»

Langsam öffnet Janne die Augen wieder, er sieht mich unsicher an. «Also, die Leuchtschrift und die Herzluftballons und die Tauben, die gab es natürlich nicht wirklich, das war eher ...»

Mein Mund steht offen, auch ich habe vergessen zu atmen. «... symbolisch gemeint», beende ich krächzend seinen Satz. Janne hat sich hinter der offenen Tür zwischen Wolkenfetzen verheddert, das hatte ich ja gewusst, aber Lebkuchen, Sahnebaiser und weiße Tauben, damit habe ich niemals gerechnet.

«Und du behauptest, dass du nicht mutig bist», sage ich immer noch atemlos.

«Findest du?»

«Voll.»

«Dabei war ich noch nicht mal betrunken oder so.» Er beginnt zu lachen, und erst jetzt lasse ich seine Hände los. «Sie hat dann rumgestammelt, so von wegen ‹Freunde›, und ich bin aus ihrem Zimmer gestürmt. Seitdem tun wir beide so, als wäre ich über eine Baumwurzel gestolpert. ‹Nichts passiert›, du verstehst?»

«Und das Lebkuchenherz?»

«Das hat sie immer noch.»

Wir sitzen im Gras, bis hinter dem Dorf die Sonne aufgeht, immer wieder aufs Neue stecken wir uns gegenseitig mit Lachanfällen an. Wir lachen, wie Busfahrer lachen. Mit Tränen in den Augen und den Köpfen in unseren Nacken, damit wir noch Luft bekommen. Und weil auch ich in dieser Nacht mutig bin, lasse ich für einen Moment den Gedanken zu – nur aussprechen kann ich ihn nicht.

Es fühlt sich gut an, einem Menschen so nah zu sein.

AM MONTAG stehe ich um 5 Uhr 30 am Dorfausgang und warte auf Alex(andra Sofie), warte eine Viertelstunde lang, warte noch weitere zehn Minuten, aber sie taucht nicht auf. Ich renne die Landstraße hinunter, am Waldrand kehre ich wieder um, weil Joggen für mich nur Sinn macht, wenn ich irgendwo hin- oder von irgendwo wegwill. Oder wenn Alex(andra Sofie) neben mir läuft. Als ich an der Wiese vorbeikomme, bilde ich mir ein, dass man noch die Abdrücke von Janne und mir erkennen kann.

Weil ich alleine in Renés Haus bin, sogar die Tante ist nicht da, lasse ich beim Duschen die Badezimmertür offen stehen, renne polternd in Straßenschuhen die Treppe rauf und runter, stelle meinen leeren Joghurtbecher mitten auf den Esstisch. Dann kaufe ich im Supermarkt Essiggurkengläser in verschiedenen Größen, drücke der Schwester von Doktor Kleist einen 20-Euro-Schein in die Hand, die mir das Wechselgeld gibt, aber keinen schönen Tag wünscht wie den anderen zwei Kunden zuvor, obwohl sie mich gar nicht kennt, oder genau deshalb. Als ich nachmittags zur Tankstelle aufbreche, mache ich doch noch einen Umweg zum Frisörsalon. Auf dem Dorfplatz tragen zwei Menschen einen pinken Elefanten, tragen ihn am Autoscooter vorbei zum Kinderkarussell. Ich schaue den Brunnen an, von allen Seiten, und sehe immer noch Wasser spuckende Fische und keine Kartoffeln.

Im Frisörsalon sind alle sechs Stühle vor den Spiegeln besetzt.

Ich klopfe an die Schaufensterscheibe und winke Alex(andra Sofie) und Janne zu. Janne reagiert gar nicht erst, kämpft weiter mit dem Kabel eines Föhns, aber Alex(andra Sofie) öffnet kurz die Tür. «Hast du heute Morgen auf mich gewartet?», fragt sie, hebt dann entschuldigend ihre Arme. «Es ist die Woche vor dem Kartoffelfest», als würde das alles erklären.

Als ich den Dorfplatz überquere, entdecke ich eine Bude, die noch mit einer Klappe verschlossen ist. ‹Udos Losbude› steht darauf, in roten Buchstaben.

Während ich zur Tankstelle laufe, denke ich an Luca.

Drei, vielleicht vier, maximal fünf. So viele Tage hat sie nach dem Kirmesbesuch noch gelebt.

Luca und ihre Rollschuhe. Auf dem Bürgersteig muss ein Ast gelegen haben oder ein Stein, eine beschädigte Betonplatte. Irgendwas, das sie aus dem Gleichgewicht gebracht hat. Und da war das Auto, das nicht mehr bremsen konnte.

Ich war an diesem Tag allein zum Spielplatz gegangen. Luca und ich hatten uns am Abend davor gestritten. Ich saß auf der Schaukel, habe die Sirenen gehört, die Blaulichter gesehen und mir nichts dabei gedacht. ‹Sie wollte sich wieder mit dir vertragen, das war ihr so wichtig›, hat mir Lucas Mutter nach der Beerdigung gesagt. ‹Deshalb war sie auf dem

Weg zu dir.› Sie dachte, dass mich das tröstet, aber ich habe mich nur gefühlt wie der schlimmste Mensch auf Erden.

Auch in den nächsten Tagen sehe ich Janne und Alex(andra Sofie) nur durch das Schaufenster. Einmal am Tag gehe ich am Frisörsalon vorbei. Ich ziehe ein paar Fratzen, bis wenigstens einer von beiden grinst, und immer sitzen Menschen auf allen sechs Stühlen.

Am Mittwoch bekomme ich eine Nachricht von einer Handynummer, die nicht zu den null Einträgen meiner Kontaktliste gehört und die ich auch nicht auswendig kenne. ‹~Miko›, so heißt das Mädchen mit der Zahnspange. Sie schickt mir ein Party-Emoji und fragt, ob wir uns am Wochenende beim Kartoffelfest sehen. Wo auch sonst, denke ich.

Und am Donnerstagabend schließlich ruft meine Mutter an. Natürlich drücke ich auf den grünen Hörer, obwohl ich gerade ein paar Liter Diesel und zwei Capri-Sonnen kassiere, weil ich immer auf den grünen Hörer drücke, seit ich in diesem Dorf wohne.

«Ich kann gerade nicht, ich arbeite ...»

«Nur kurz. Der René hat mir von diesem Dorffest erzählt.»

«Das macht 61,20 Euro. – Genau, jetzt am Wochenende.»

«Deshalb habe ich überlegt. Ich werde euch am Samstag besuchen.»

«Ja, gut. Warum nicht. In Ordnung.»

Ich verabschiede mich hastig und drücke auf den roten Hörer, schaue noch leicht verwirrt auf das Handydisplay.

«Was haben nur alle Leute mit diesem Kartoffelfest?», frage ich den Menschen vor mir, der in beiden Händen eine Capri-Sonne hält.

«Ich bin nicht von hier», antwortet er achselzuckend, «aber ich bekomme noch 8,80 Euro von dir.»

Der Beginn des Kartoffelfests am Freitag verläuft im höchsten Grade unspektakulär. Um 16 Uhr 01 öffnet die Bierbude, das Kinderkarussell dreht seine erste Runde.

«Und das war es jetzt?», frage ich Janne, der neben mir vor dem Frisörsalon steht.

«Was hast du erwartet?» Er hält ein Schild mit der Aufschrift ‹Betriebsferien› in der Hand, das er seit zwanzig Minuten an der Glastür anbringen will.

«Ein paar tanzende Menschen in Kartoffelkostümen vielleicht oder kostenlose Kartoffelknödel für alle, was weiß denn ich. Wenigstens ein bisschen Feuerwerk.»

Alex(andra Sofie) drückt die Tür des Frisörsalons von innen auf. Ihre Haare hat sie zu zwei Zöpfen geflochten, und sie trägt immer noch ihre Arbeitskleidung, ein dunkelgraues Polohemd und eine Stoffhose.

«Kim ist enttäuscht von unserem Kartoffelfest», sagt Janne zu ihr.

«Jetzt schon?», fragt sie und schwingt ihren Rucksack über die Schulter, zieht den Fahrradschlüssel aus ihrer Gesäßtasche. «Vertrau mir, spätestens in drei Tagen wirst du es lieben. Ich fahre jetzt noch zu Pasqual, aber später sehen wir uns?»

«Tankstelle», antworte ich knapp.

«Dann morgen. Und wehe, du kneifst.» Alex(andra Sofie) umarmt Janne und mich. Vanilleduft in meiner Nase, und in meinem Kopf singt eine Stimme ‹Maybe one day, we will fly›.

Als Alex(andra Sofie) und ihr Fahrrad hinter der Kurve verschwunden sind, betreten Janne und ich den Frisörsalon, um endlich das Schild an der Tür anzubringen.

«Wer ist Pasqual?», frage ich beiläufig.

«Der Typ von Samstag, der sie an der Tankstelle abgeholt hat?» Janne knibbelt an einer Tesafilmrolle und kann den Anfang nicht finden.

«Der mit der Kuhbar?»

«Mit C und ohne H.»

«Kuhbar würde aber viel besser passen», sage ich und nehme Janne die Tesafilmrolle aus der Hand. «Sogar ich kenne inzwischen jede Kuh hier.»

«Das meinst du jetzt wörtlich und nicht symbolisch so wie die Siebträgermaschine, richtig?»

Er reicht mir die Schere, und ich schneide mehrere Streifen von der Rolle ab.

«Vollkommen wörtlich meine ich das. Letzte Woche fehlte eine Kuh auf der Wiese bei Dorfausgang Nummer eins. Die mit dem schwarzen Fleck um ihr Auge», sage ich und halte ihm die Hand hin, an vier Fingern kleben Tesafilmstreifen. «Ich wette mit dir auf alles, dass ich hier jede Kuh an ihren Augenringen erkennen kann.»

«Wette verloren?» Janne zieht die Klebestreifen von meinen Fingern und befestigt das Schild an der Glasscheibe. «Hintenraus gibt es einen Laufstall mit Milchkühen. Kennst du die auch? Und dann noch der Stall mit den Mastbullen? Obwohl das natürlich keine Kühe sind.»

Janne streicht noch einmal über das Schild, während ich die Tesafilmrolle und die Schere zurück in den Rollwagen lege, der neben einem der Stühle steht.

«Sind die beiden jetzt zusammen?», frage ich, krame in dem Rollwagen herum, nehme einen Kamm heraus, dann eine Rundbürste, dabei bin ich auf der Suche nach gar nichts.

Janne versteht sofort, von wem ich spreche. «Ist wohl noch nicht so ganz raus. Und hörst du bitte auf damit, meine Sachen durcheinanderzubringen?»

Ich schaue auf die Schere, die ich gerade in Händen halte. Sie lag in dem Fach über dem Tesafilm und hat auf der einen Seite Zacken wie ein Kamm. «Schneidest du mir die Haare?», frage ich und halte Janne die Schere hin.

«Reicht es dir nicht, dass ich in der letzten Woche dem halben Dorf die Frisur ruiniert habe?», stöhnt er. Aber im gleichen Moment rückt er einen der Stühle zurecht und nimmt die Schere aus meiner Hand.

«Die Haare auch waschen?»

Ich sehe im Spiegel Jannes fragenden Blick und schüttele heftig den Kopf. Zehn Fingerspitzen auf meiner Kopfhaut, das ist mir zu viel. «Schneiden reicht. Aber bitte krumm und schief, mit Ecken und Kanten!»

«Selbstverständlich», seufzt er, «das ist schließlich mein Spezialgebiet.»

Als ich wenig später zur Tankstelle renne, muss ich wieder an die Kühe denken.

Schweigend laufe ich an den Zapfsäulen und an Sascha vorbei, weil der ohnehin nie reden will, aber ausgerechnet heute fragt er: «Alles klar bei dir?» Es könnte sein, dass das an meiner neuen Frisur liegt, die noch schrebbeliger ist als sein Pony, und ich bleibe stehen.

«Die Kühe», sage ich, «ich war mir so sicher, dass ich alle kenne, dabei habe ich nur die auf der Wiese gesehen und die in den Ställen nicht. Da glaubt man immer, alles zu blicken ...»

Sascha brummt irgendwelche Worte vor sich hin, lässt den Arm mit dem ölbefleckten Tuch hängen, und ich vermute schon, dass er jetzt in sein Werkstattatelier geht, aber dann sagt er: «Das ist wie bei den Menschen. Das Schöne darf raus, ans Licht, wo jeder es sehen kann. Aber der Großteil von einem, der bleibt drinnen, da wo es dunkel ist und stinkt. Man redet sich ein, der Mensch ist die glücklichste Kuh auf der Wiese, dabei steht er im Stall, und häufig steht er sogar knöcheltief im eigenen Mist.»

Ich schaue auf meine Turnschuhe, die an den Rändern braun verfärbt vom Waldweg sind. «Darüber muss ich erst mal nachdenken», sage ich überfordert. Doch Sascha ist schon in seinem Werkstattatelier verschwunden.

ES KLOPFT an der Tür, ich öffne die Augen und wundere mich. Normalerweise ist die Tante nicht so höflich, normalerweise reißt sie die Tür auf, schlurft schlecht gelaunt ins Zimmer und setzt sich an ihren Tapeziertisch.

«Ich schlafe noch!», brülle ich, die Tür öffnet sich trotzdem. Doch es ist nicht die Tante, die dort im Türrahmen stehen bleibt.

«Ich habe die Klingel gar nicht gehört», sage ich, weil es das Erste ist, das mir in den Kopf kommt. Sie hält sich nicht am Türrahmen fest, meine Mutter, ganz gerade steht sie da. Sollte ihr das Herz immer noch schwer sein, dann hat sie inzwischen gelernt, das Gewicht mit beiden Beinen zu tragen.

«René hat mich vom Küchenfenster aus gesehen», erklärt sie. Sie trägt eine gepunktete Bluse und eine weite Leinenhose. Frisch und erholt sieht sie aus, als käme sie gerade aus dem Urlaub zurück. An ihren Füßen hellblaue Socken. Wir würden niemals Plüschpantoffeln tragen.

«Er hätte dich am Bahnhof abholen können», sage ich, aber meine Mutter winkt ab. Helle Strähnchen hat sie im Haar, die sind neu. «Ach, der Bus fährt oft genug. Und ich habe doch kaum Gepäck dabei.»

Ich strampele die Bettdecke weg. «Komm rein», sage ich

und setze mich auf die Kante des Schlafsofas, sehe genau, wie das linke Augenlid meiner Mutter zuckt.

«Ich muss das Zimmer ständig mit Agnes teilen, da bist du mir tausendmal lieber», ergänze ich und rücke zur Seite, damit sie sich zu mir auf das Schlafsofa setzen kann. Aber meine Mutter entscheidet sich für den Stuhl, der vor dem Tapeziertisch steht. Sie ist wohl noch nicht so weit.

Sie nimmt einen kleinen Koala aus Plastik in die Hand und richtet ihren Blick auf ihn, ohne ihn wirklich anzusehen. «René hat erzählt, dass du Freunde gefunden hast.»

Bevor ich richtigstellen kann, dass es sich um entfernte Bekannte handelt, wird die Tür aufgerissen, und die Tante steckt ihren Kopf hinein.

«Besetzt!», brülle ich. Mit einem schrillen «Täh» schlägt sie die Tür wieder zu.

«Mit Agnes verstehe ich mich auch ganz wunderbar», grinse ich.

Und dann wissen wir beide nicht mehr, worüber wir reden sollen, weil wir uns in den letzten Wochen schon alles am Telefon erzählt haben.

«Du hast doch damals einen Wettbewerb gewonnen, in der Schule?», frage ich, weil ich gerade an meinen ersten Tag im Dorf denken muss.

«Den Mathewettbewerb in der Grundschule», antwortet meine Mutter, und ja, ihre Stimme klingt so stolz, als wäre es gestern gewesen. «Ich war in der zweiten Klasse und musste im Finale gegen einen Viertklässler antreten. Erst hat er mich ausgelacht, aber am Ende hat er geheult.»

«Richtig so», jauchze ich, «der kann froh sein, dass ich vor dreißig Jahren noch nicht auf der Welt gewesen bin. Der hätte sein Mathebuch aus der Toilette fischen können, mindestens. Dich einfach so auszulachen ...»

Meine Mutter lächelt, aber es ist wie vorhin bei dem kleinen Koala. Ihr Mund lächelt, aber sie selbst lächelt nicht.

Ich spüre die großen Hände, die gegen meine oberen Rippen drücken, krabbele vom Schlafsofa und stehe auf. «Ich habe mir noch gar nicht die Zähne geputzt und den ganzen Ärger.»

«Und ich sollte endlich Renés Tante begrüßen.» Auch meine Mutter steht auf und macht drei Schritte zur Tür.

«Ich bin froh, dass ich hier bin», sagt sie, bevor sie die Türklinke herunterdrückt.

«Ja», antworte ich, «das Kartoffelfest muss etwas ganz Besonderes sein.»

Am frühen Abend brechen wir zum Dorfplatz auf, meine Mutter, René und ich. Als wir uns im Flur die Schuhe anziehen, kommt die Tante aus dem ersten Stock herunter und setzt sich im Wohnzimmer auf das Sofa. Sie trägt meinen pinken Einteiler.

«Willst du wirklich nicht mit?», fragt René vorsichtig. «Ein bisschen rauskommen, das täte dir gut.»

Die Tante sieht uns an und zieht ihre spärlichen Augenbrauen hoch.

«Ich habe ein Non-Hodgkin-Lymphom, mein Lieber», sagt sie, «aber ich kann schon noch selbst entscheiden, was gut für mich ist und was nicht.» Dann setzt sie sich die Kapuze mit den Hasenohren auf und schaltet den Fernseher ein.

Menschen, denke ich, als wir die Haustür hinter uns schließen, so viele Menschen. Auf den Bürgersteigen. Auf der Straße, die um den Dorfplatz führt und die heute für Autos und Busse gesperrt ist. Und natürlich auf dem Dorfplatz selbst. Menschen überall. Ihre Körper lassen sogar den Brunnen mit den Wasser spuckenden Fischen verschwinden. Man könnte meinen, er wäre nur ein Gerücht.

«Wohnen die alle hier?», frage ich erstaunt und denke erneut an die Kühe in ihren Ställen.

«Die kommen aus der Stadt und den anderen Dörfern hierher», sagt René. «Schließlich ist es das erste Kartoffelfest im Jahr, und heute ist der zweite Tag. Am zweiten Tag wollen alle dabei sein.»

Ich stelle mich auf die Zehenspitzen und suche einen roten Haarreif. Aber ich sehe nur ein paar schief geschnittene Ponys.

Plötzlich ruft irgendwer von schräg rechts meinen Namen. Der Dorfplatz ist zu einem geballten Raum aus Worten, Tönen und Geräuschen geworden, ein hundertfaches Gemurmel und Geschrei, trotzdem höre ich sofort Jannes Stimme heraus.

Er sitzt beim Autoscooter auf einer der Absperrungen und schwenkt beide Arme durch die Luft. Nach einem roten Haarreif hätte ich ewig suchen können, denn Janne trägt heute Silber.

Meine Mutter bemerkt meinen Blick, sie schaut zu Janne und seinen schwenkenden Armen. «Du kannst ruhig zu deinen Freunden gehen, ich bin schließlich noch bis morgen hier», sagt sie und berührt zaghaft meinen Unterarm, bevor sie mir einen 20-Euro-Schein in die Hand drückt.

Dann bahnen sich René und meine Mutter den Weg nach links, wo die Bierbude und das Kinderkarussell aufgebaut sind, während ich mich zwischen Menschenkörpern hindurch zu Janne schlängele.

Ein Mensch rempelt mich seitlich an. «Aufpassen!», brülle ich und boxe ihm gegen den Oberarm. Doch es ist nicht irgendein Mensch, es ist Dominic aus der Raucherecke. Als er mich erkennt, rasseln seine Gesichtszüge nach unten, und seine zwei Augenbrauen werden zu einer. Er sieht mich an, als hätte ich ihm das komplette Kartoffelfest verdorben. Hastig ducke ich mich unter einem fremden Ellenbogen hinweg und verschwinde in der Menge.

«Heute ist also ein Feiertag?», frage ich, als ich endlich neben Janne stehe.

«Wenn nicht am zweiten Tag vom Kartoffelfest, wann dann?» Janne lacht, und über seinen Augen glitzert ein silberner Lidstrich. «Hübsche Frisur übrigens.»

«Warte ab», ich streiche über meine Haare, «beim nächsten Kartoffelfest laufen hier alle so rum», und setze mich neben ihn auf das Absperrgitter. Wir sehen Achtjährigen dabei zu, wie sie ihre Scooter über die dunkle Fläche lenken, die Köpfe nach links und rechts drehen, auf der Suche nach ihrem nächsten Opfer.

Die Musik, die aus den riesigen Lautsprechern am Rand des Dorfplatzes dröhnt, ist noch schlechter als die Songs auf Alex(andra Sofie)s Playlist.

«Es tut so weh in den Ohren? Da hilft nicht mal tanzen», sagt Janne im gleichen Moment. «Deshalb wird hier auch so viel gesoffen.»

«Und für dich ist das wirklich ein Feiertag?»

«Das ist wie mit Weihnachten», erklärt er. «Man hinterfragt das nicht, man freut sich einfach.»

Genau vor uns verkeilen sich drei Scooter ineinander, und eines der Kinder auf dem Beifahrersitz fängt an zu weinen. Aber ich widerspreche Janne nicht, puste mir nur ein paar der übrig gebliebenen Ponysträhnen aus dem Gesicht.

Fast gleichzeitig entdecken wir Alex(andra Sofie). Sie tänzelt über Eisenplatten, die die Fahrfläche des Autoscooters einrahmen, tänzelt an Kindern vorbei, die ungeduldig auf ein freies Fahrzeug warten. Alex(andra Sofie) trägt Hotpants aus hellem Jeansstoff und ein gestreiftes Tanktop. Ihre Haare sind nicht mehr zu Zöpfen geflochten, sie fallen lockig auf ihre Schultern. Und an ihrer Hand zieht sie Pasqual hinter sich her.

«Seit gestern», antwortet Janne leise, dabei habe ich gar keine Frage gestellt.

«Tach auch, ihr zwei beide», sagt Pasqual fröhlich, als sie vor uns stehen. Seine hellbraunen Haare sind sorgfältig verwuschelt, und er hat sich länger nicht rasiert. Bestimmt glaubt er, dass ein Bart gut zu seinem roten Holzfällerhemd passt.

Wir rücken auf der Absperrung zur Seite, damit sich die beiden neben uns setzen können, aber sie lehnen sich nur an das Gitter. Alex(andra Sofie) erzählt Janne irgendwas von einer Frau Luhnenstroth – während Pasqual ihren Hals küsst. Ich verstehe keines ihrer Worte, so sehr rauscht es in meinem Kopf.

Jetzt dreht sich Alex(andra Sofie) weg von uns. Sie küssen sich auf den Mund, seine Hände in ihren Haaren. Ich schaue zu Janne, denke an das Lebkuchenherz und an die allerkitschigsten Worte, die es in diesem Universum gibt. Ich fühle das Ziehen in Jannes Herz, fühle es bis hinunter in den Magen und hinauf in die Nasenscheidewand. Ich fühle seinen Schmerz, der sich mit meinem vermischt. Kann nicht mehr unterscheiden, was ist Jannes Herz und was ist meins. Wessen Splitter verteilen sich gerade in unseren Körpern. Ich kann nicht danebensitzen so wie er, das ist mein einziger Gedanke. Ich kann hier nicht sitzen mit roter Nase und so tun, als fühlte ich nichts.

«Geld vergessen», murmele ich, bevor ich von der Absperrung springe und in die Menschenmenge eintauche. Ob Janne den 20-Euro-Schein in meiner Hand bemerkt hat oder nicht, ist mir gerade egal.

Ich renne um das ganze Dorf herum, an allen Dorfausgängen vorbei, meine Schuhsohlen trommeln auf den Asphalt, als wäre die komplette Hundemeute des Neubaugebiets hinter mir her, und unter meinen Achseln bilden sich große Schweißflecken. Irgendwann zähle ich die Runden nicht mehr, zähle stattdessen Autos, die an beiden Rändern der Landstraße nach einer Parklücke suchen, wo kommen die nur alle her, denke ich und bleibe bei Nummer dreiundvierzig stehen. Ich sinke auf den schmalen Grasstreifen, zwischen einen Opel Corsa und einen roten SUV, und rolle in den Straßengraben. Der Boden unter mir ist trocken, es hat lange nicht mehr geregnet. Hier bleibe ich. Hier bleibe ich liegen, bis zum Ende des Kartoffelfests oder vielleicht noch länger. Erschöpft schließe ich die Augen, doch sofort sehe ich Janne vor mir, der alleine auf der Absperrung sitzt und Alex(andra Sofie) und Pasqual beim Knutschen zusehen muss. Er sitzt auf der Absperrung, während ich ... ja, ich kann es mir nicht schöndenken, kann nicht drum herumdenken ...

Janne sitzt auf dem Stromkasten, während ich mich dahinter verstecke. «Geradezu ... Unverschämtheit», beschimpfe ich mich selbst, weil man entfernte Bekannte niemals im Stich lassen darf.

«Habt ihr kein eigenes Leben?», beschimpfe ich eine vierköpfige Familie, die mit großen Augen und offenen Mündern mitten auf der Fahrbahn steht, während ich aus dem Straßengraben krabbele und an ihnen vorbei zurück ins Dorf renne.

Auf den Bürgersteigen sind die Menschen nun in beide Richtungen unterwegs. Immer wieder kommen mir hüpfende Kindern entgegen, und ich muss zur Seite springen. Sie umfassen Paradiesäpfel oder Zuckerwatte oder die Hände ihrer Eltern.

Auch ohne die Kinder ist der Dorfplatz immer noch bis an

den Rand gefüllt mit Menschen, aber sie stehen nicht mehr so dicht gedrängt, und im Zentrum kann man wieder die Wasser spuckenden Fische erkennen. Erneut stelle ich mich auf die Zehenspitzen.

Meine Mutter finde ich an der Bierbude, gemeinsam mit René, mit der Cafébesitzerin und mit dem Menschen, dem mal die Metzgerei gehört hat.

Janne sitzt nicht mehr auf der Absperrung. Mein Blick tastet die Köpfe der Leute ab. Nirgendwo ein silberner Haarreif.

Ich überlege schon, ob ich wieder umdrehen soll, zurück in den Straßengraben. Doch in diesem Augenblick sehe ich ihn. Einen riesigen Teddybären. Hellbraun ist er, mit schwarzen Kulleraugen. Und er schwebt durch die Menge, er schwebt auf mich zu. Die Menschen gehen einen Schritt zur Seite, alle machen sie Platz.

Luca, denke ich. *Luca, siehst du, da ist er endlich.*

Erst da erkenne ich, von wem der Teddybär getragen wird. Es ist Pasqual, der seine beiden Arme um den Bauch des Teddys gelegt hat. Hinter ihm hopst Alex(andra Sofie) auf und ab.

«Kimmi», juchzt sie wie ein kleines Kind, «guck mal, was Pasqual für mich gewonnen hat.»

Pasqual grinst und klemmt sich den Teddy unter den rechten Arm.

«Drei Lose hat er gezogen», erzählt Alex(andra Sofie) euphorisch, «und das zweite war sofort die freie Auswahl. Ist er nicht süß?»

Ich verstehe nicht, ob sie vom Teddy oder von Pasqual spricht, und ich will es auch gar nicht genau wissen.

Leider verloren, hämmert es gegen meinen Schädelknochen, *leider verloren.*

Und noch einmal stelle ich mich auf die Zehenspitzen. Schaue zur Bierbude, zum Autoscooter, zum Brunnen, suche verzweifelt einen silbernen Haarreif. Aber natürlich begreife ich, dass dieser Schmerz, der sich gerade von meiner Achillessehne bis ins Großhirn zieht, dass dieser Schmerz nur mir allein gehört.

Luca, schreie ich in mich hinein. Doch leider verloren, leider verloren, leider verloren. Selbst ein silberner Haarreif kann mich jetzt nicht mehr retten.

«Ich wollte gerade», beginne ich einen Satz, der selbst nicht weiß, wo er enden soll.

«Mit uns Autoscooter fahren.» Alex(andra Sofie) zieht mich an der Hand hinter sich her, wie vorhin Pasqual. Nur küssen wird sie mich nicht. Ich bin wie betäubt, folge ihren Bewegungen. Die Eisenplatten unter mir, dann auf die Fahrfläche, alle Scooter stehen still. Ein Chip wird mir in die Hand gedrückt. Der Platz für den Beifahrer bleibt frei, Alex(andra Sofie) hat sich neben Pasqual gesetzt, in ein goldenes Fahrzeug, den Teddy auf ihrem Schoß.

«Das Gaspedal», ruft sie mir zu, «du musst losfahren!»

Aber wohin denn, will ich fragen, da werde ich von hinten gerammt und stoße mit dem Wagen gegen die Begrenzung der Fahrfläche. Ich drehe mich um, sehe in das verzerrte Gesicht von Dominic aus der Raucherecke.

Ich bewege das Lenkrad nach links, weiche zwei anderen Fahrzeugen aus, irgendwo höre ich das fröhliche Kreischen von Alex(andra Sofie), aber ich lasse Dominic nicht mehr aus den Augen. Ich ramme seitlich einen grünen Scooter, damit er mir Platz macht, und fahre frontal auf Dominic zu, keiner von uns wird ausweichen, das ist gewiss, die beiden Wagen prallen aufeinander, lösen sich ein paar Zentimeter vom Boden, ich knalle gegen die Rückenlehne aus Plastik. Ein stechender Schmerz im Nacken, aber das reicht nicht aus, noch lange nicht. Ich hole Schwung für eine Kurve und bin jetzt hinter dem Scooter von Dominic, jage ihn über die Fläche, bis wir beide in zwei stehende Fahrzeuge krachen. Immer wieder drücke ich seinen Scooter gegen die eiserne Begrenzung, bis das Gaspedal nicht mehr reagiert. «Auftanken oder aussteigen, gleich startet die neue Runde», tönt es vergnügt aus den Lautsprechern, während Dominic und ich uns mit Blicken verprügeln.

Nachdem die Stimme ein weiteres Mal gesagt hat: «Auftanken oder aussteigen, Leute», klettere ich aus dem Wagen und überquere die Fahrfläche. Dominic ist so dicht hinter mir, er könnte sich in meine Fersen krallen. Als ich das Kopfsteinpflaster des Dorfplatzes unter meinen Turnschuhen spüre, drehe ich mich abrupt um. Und da stehen wir, Dominic und ich, Nase an Nase.

«Was willst du machen?», fragt er. «Mich schlagen?»

«Ich pack doch keine Scheiße an», knurre ich und balle trotzdem die Fäuste, höre das Knacken seiner Fingerknochen, keiner von uns wird ausweichen.

«Alles in Ordnung bei euch?» Pasqual ist plötzlich überall, jetzt drängt er sich zwischen uns, zeigt Dominic aus der Raucherecke seine breite Brust und mir den Rücken.

«Verzieh dich», sage ich zu Pasqual, weil er zwischen uns überhaupt nichts zu suchen hat.

«Genau, verzieh dich», sagt Pasqual zu Dominic, weil er natürlich gar nichts kapiert.

«Die ist doch vollkommen durchgeknallt!» Die Stimme von Dominic überschlägt sich mindestens dreimal.

«Sie ist ein Mädchen.»

«Ein paar kleine Titten, mehr aber auch nicht.»

Ich will mich an Pasqual vorbeidrängen, aber er streckt seinen linken Arm aus und hält mich zurück, denkt immer noch, dass er hier irgendwas für mich regeln muss.

Pasqual ist einen Kopf größer als wir, außerdem trägt er einen Bart, während über Dominics Oberlippe nur ein leichter Flaum wächst. Und ich, ‹ein paar kleine Titten, mehr aber auch nicht›. Manchmal ist es ein Elend, erst fünfzehn zu sein. Dominic spuckt auf den Boden, verschwindet dann fluchend Richtung Kinderkarussell. Ich möchte mich sofort hinterherstürzen, um das Ding zu Ende zu bringen, um nicht mehr an Luca denken zu müssen, aber dieses Mal sind es nicht Pasquals Arme, die mich zurückhalten, dieses Mal ist es die Stimme von Alex(andra Sofie). «Was war denn mit dem?» Ich habe keine Ahnung, wie lange sie schon hinter mir steht.

«Dem hat mal ein Vogel auf die Schulter gekackt, und ich habe es gesehen», antworte ich. Der Schmerz ist immer noch da, er zieht sich von Kopf bis Fuß, von Fuß bis Kopf, dreht ein paar Kreise in meinem Nacken.

Pasqual sieht mich an, die Daumen in seinen Hosentaschen, und er wartet garantiert auf ein Danke von mir, weil er sich heldenhaft in etwas eingemischt hat, das ihn überhaupt nichts angegangen ist.

«Wir fahren noch eine Runde.» Alex(andra Sofie) stellt sich neben ihn, er befreit sofort den linken Daumen, damit er seinen Arm um sie legen kann. «Willst du mit?»

«Muss dringend für kleine Kratzbürsten», sage ich, weil ich einfach nur wegwill von hier und weil eine volle Blase immer eine gute Ausrede ist. Wenn ich jetzt noch einmal in einen der Scooter steige, was weiß denn ich, wer dann mein nächstes Opfer wird. Vielleicht irgendein Achtjähriger, der von seinen Eltern vergessen wurde.

«Der Toilettenwagen ist um diese Zeit schon übelst versifft, aber du kannst im Laden gehen.» Alex(andra Sofie) zieht ein graues Schlüsselband aus ihrer Tasche, und dann hält sie mir auch den großen Teddy hin. «Würdest du den in Sicherheit bringen? Hier wird der Arme nur dreckig.»

Pasqual hat inzwischen begriffen, dass von mir nichts mehr zu erwarten ist, weder Blumenstrauß noch Schokopralinen, höchstens eine Kopfnuss. Er befreit auch seinen rechten Daumen und nimmt Alex(andra Sofie) huckepack, sie beißt ihn zärtlich in den Nacken. Und ich stehe da, mit dem Teddybären im Arm.

Er schaut mich an mit seinen schwarzen Kulleraugen, und ich weiß ja, er trägt keine Schuld daran, dass dieser

Pasqual die freie Auswahl gezogen hat und Luca immer nur leider verloren. Der Teddy trägt keine Schuld daran, dass sein Großvater oder Urgroßvater oder sonst irgendein Vorfahre von ihm auf der mittleren Stufe der Losbude sitzen geblieben ist, während Luca mit leeren Armen vor ihm stand. Er trägt keine Schuld daran, dass ein paar Tage später ein Ast oder irgendwas anderes auf dem Bürgersteig lag, trotzdem ertrage ich sein künstliches Fell nicht auf meiner Haut, wie tausend Ameisen fühlt sich das an. Die Sonne ist hinter den Kirchturm gewandert und bereit zum Untergang. Die Musik ist nicht besser geworden, nur lauter, und die Menschen haben nun genug Platz um sich herum. Sie wanken, vielleicht sind sie betrunken, vielleicht tanzen sie aber auch.

Ich schließe die Tür zum Frisörsalon auf. Drinnen ist es bereits dämmrig, von den sechs Stühlen erkenne ich nur noch die Umrisse. Der Rollwagen, er steht an der gleichen Stelle wie gestern. Und auch die Schere liegt da, wo ich sie hingelegt habe, neben der Tesafilmrolle.

Jannes rote Nase. Unser gesplittertes Herz. Die leeren Arme von Luca. Dieser Schmerz, er hört nicht auf.

Ich nehme die Schere aus dem Rollwagen, lege den Teddybären vor mich hin auf den Boden, schneide seinen Bauch auf, greife mit der linken Hand in sein Inneres und schleudere weiße Kügelchen durch den Frisörsalon, greife tiefer hinein, noch mehr weiße Kügelchen. Sein Kopf, ich reiße ihn ab.

Da blitzt etwas auf, in der Ecke.

Ein silberner Haarreif.

Janne.

Er hat im Halbdunkeln auf den Fliesen gesessen, mit dem Rücken an der hinteren Wand, jetzt ist er aufgestanden. Ich stehe vor ihm, in meiner rechten Hand noch die Schere, und überall weiße Kügelchen, die Innereien des Teddybären, der aufgeschlitzt und kopflos vor mir liegt. Janne starrt mich an. Er starrt mich an, als sei ich ein gefährliches Raubtier. Also doch Krokodil, denke ich. Bevor er etwas sagen kann, lasse ich die Schere fallen. Ich schnappe mir den Körper des Teddys, bekomme seinen Kopf am linken Fellohr zu fassen und flüchte aus dem Frisörsalon.

«Konntest wohl kaum erwarten, mich wiederzusehen», kommentiert die Tante, während ich neben sie auf das Sofa sinke, «so aus der Puste, wie du bist. Hast du irgendwas angestellt?»

«Hatte nur keine Lust mehr», sage ich, und das scheint der Tante als Antwort zu genügen. Mit keinem Wort erwähnt sie den zerfetzten Teddybären, der links neben dem Sofa liegt. Ich ziehe meine Beine zu mir heran und umfasse die Knie. Meine Beine sind nicht glatt rasiert wie die von Alex(andra Sofie), aber auch nicht so behaart wie die von Janne. Wenn ich über meine Unterschenkel streiche, spüre ich die blonden Härchen kaum.

Im Fernsehen läuft eine Kochsendung mit alten Menschen, die rundherum sauber, gepflegt und zufrieden wirken. Da sind sie, denke ich, die Kühe auf der Weide. Aus den Augenwinkeln sehe ich die Tante in dem pinken Einteiler, der nun ihr gehört, und ich stelle mir vor, dass ich später einmal genau so auf dem Sofa sitzen werde. Dass ich mich auf einer Zeitreise befinde und es nur noch nicht mitbekommen habe. Ich stelle mir vor, dass ich gerade neben mir selbst sitze, neben meinem zukünftigen Ich, in 50 Jahren oder so, der Einteiler wird dann natürlich zerschlissen und ausgeblichen sein, wird nicht mehr so leuchten. Ich werde allein auf einem Sofa sitzen, um Menschen anzusehen, die glücklicher und gesünder sind als ich. Um Menschen anzusehen, die mit ihren Freunden eine gute Zeit auf dem Dorffest haben. Die wanken oder aber auch tanzen, ohne irgendwas kaputt machen zu müssen.

AM SONNTAGMORGEN will ich gerade die Badezimmertür öffnen, als ein Mensch herauskommt. Er hat nur ein blaues Handtuch um seine Hüften geschwungen, und ich hätte ihn beinahe nicht erkannt.

«Wo ist dein Bus?», frage ich verwundert und vergesse sogar für ein paar Sekunden, an den aufgeschlitzten Teddybären zu denken, der jetzt unter dem Tapeziertisch im Bastelzimmer liegt.

«Guten Morgen erst mal», antwortet der Busfahrer unausgeschlafen. Er geht an mir vorbei, mit weißen Plüschpantoffeln an seinen Füßen, und steigt die Stufen hinab ins Erdgeschoss.

Ich beuge mich über das Treppengeländer, doch der Busfahrer geht nicht ins Wohnzimmer, wo meine Mutter auf dem Sofa geschlafen hat, sondern verschwindet in den Keller.

Als ich wenig später herunterkomme, ist der Esstisch gedeckt, mit gebügeltem Tischtuch und dem ganzen Ärger, in der Mitte steht sogar ein Korb mit frischen Brötchen. Die Tante sitzt am ovalen Kopfende, auf ihrer rechten Seite meine Mutter, auf ihrer linken Seite René. Und neben René sitzt der Busfahrer, jetzt in Jeans und T-Shirt. Eine kurios gemischte Tüte für 40 Cent.

Ich schiebe den Stuhl neben meiner Mutter nach hinten, setze mich aber nicht hin, sehe René an und frage direkt:

«Hast du meine Mutter etwa für den Busfahrer verlassen?»

«Charlie», sagt der Busfahrer, weil René schweigt und betreten auf sein Brötchen mit Kräuterquark guckt, «ich heiße Charlie.»

«Ich habe dir seit Wochen gesagt, du sollst ihn endlich mit nach Hause bringen», schimpft die Tante, und René betrachtet weiter seine beschmierte Brötchenhälfte.

Schließlich räuspert er sich und hebt seinen Blick, doch er schafft es nicht bis zu meinen Augen, nur so ungefähr bis zu meinem rechten Ellenbogen.

«Ich habe deine Mutter nicht wegen Charlie verlassen. Ich habe mich damals in einen Kollegen verliebt. Das war nicht einfach für mich, und für deine Mutter natürlich auch nicht», er wartet kurz, ob meine Mutter etwas hinzufügen möchte, aber sie hört nur aufmerksam zu, als wäre sie nicht Teil dieser Geschichte, also redet er weiter. «Charlie habe ich dann hier im Dorf kennengelernt. Ich wollte es dir erzählen, aber ich wusste einfach nicht, ob du dann, weil du manchmal ja so bist, wie du bist, ob du dann ...» Hilflos malt René mit seinen Fingern ein paar Kreise in die Luft.

«Sprich es doch aus», sagt die Tante gereizt, «ob du dann unser Haus zerlegst.»

Alle vier Menschen am Tisch sehen mich an, als würden sie ein besonderes Kunststück von mir erwarten, wie von einem dressierten Äffchen oder einem Zirkuspony. Dass ich die Kaffeekanne umstoße oder wenigstens die Zuckerdose, die Brötchen gegen die Terrassentür werfe, das Tischtuch wegziehe und alles zu Boden krachen lasse. Doch ich bin viel zu erschöpft. Die halbe Nacht habe ich den silbernen Haarreif vor mir aufblitzen sehen. Ich habe in das entsetzte Gesicht von Janne geblickt, immer wieder und wieder. Von mir wird es an diesem Morgen keinen Urknall geben.

«Ich jetzt?», verweigere ich mich jeglicher Erwartungshaltung. «Warum das denn?»

«Nicht weil ich schwul bin», sagt René schnell, «einfach weil ich wieder jemanden habe und deine Mutter ...»

«Ich freue mich, dass René mit einem so netten Menschen zusammen ist», springt ihm nun meine Mutter zur Seite, und ich vermute, sie spricht vom Meister der Papierkügelchen. «Außerdem genieße ich es gerade, einfach nur für mich zu sein.»

«Der Kollege war furchtbar», grummelt die Tante, «ein riesiges Arschloch war der.»

«Dann haben wir ja unglaubliches Glück, dass wir nicht mit ihm an diesem Tisch sitzen müssen», sage ich ruhig, während ich mich auf den Stuhl setze, der am anderen Kopfende steht. Ich nehme mir einen Joghurtbecher, und der Busfahrer wirft mir einen Löffel zu. Genauso präzise wie seine Papierkügelchen. *Und wenn sie nicht gestorben sind,* kommt mir in den Sinn, aber dann fällt mir wieder der Teddybär unterm Tapeziertisch ein und dass die Tante Krebs hat und dass das Leben nun mal kein Märchen ist, weil die Geschichte für jeden von uns an einem anderen Punkt zu Ende gehen wird.

Während René und der Busfahrer gemeinsam die Spülmaschine einräumen, packt meine Mutter ihre Tasche für die Heimreise. Ich setze mich auf das braune Ledersofa und schaue dabei zu, wie sie sorgfältig ihr Nachthemd faltet. Heute trägt sie ein weißes T-Shirt, das schmal geschnitten ist. Ich sehe den flachen Bauch meiner Mutter und kann mir gar nicht vorstellen, dass ich da mal drin gewesen sein soll.

«Bin ich manchmal wie er?», frage ich.

Meine Mutter sieht mich überrascht an, das Nachthemd in ihrer rechten Hand löst sich wieder aus seinen Falten und hängt herab. «Niemals», sagt sie so schnell und mit fester Stimme, dass ich ihr glauben möchte.

«Aber die Sache mit der Tür», entgegne ich trotzdem.

«War ein Unfall», sagt sie.

Ich spüre, wie sich die großen Hände ein wenig von den oberen Rippen lösen. Doch sie sind noch da. Ich befürchte, sie bleiben für immer.

Meine Mutter legt das Nachthemd erneut zusammen, sie ist dabei genauso sorgfältig wie beim ersten Mal. Allein das Zusehen macht mich schon nervös, ich hätte das Nachthemd zusammengeknüllt und in die Tasche gestopft.

‹Außerdem genieße ich es gerade, einfach nur für mich zu sein.› Das Echo ihrer Stimme in meinem Kopf.

Meine Zehen tippen auf die Fliesen, doch meine Mutter lässt sich den Takt nicht vorgeben, sie bleibt bei ihren kontrollierten Bewegungen, verstaut den Kulturbeutel in der Tasche, die gepunktete Bluse von gestern, die Leinenhose. Ich bezweifle, dass ich manchmal so bin wie sie.

Meine Mutter zieht den Reißverschluss der Tasche zu und hängt sie sich über die Schulter, bereit zum Aufbruch. Doch da ist noch etwas, das ich sie fragen muss.

«Die Telefonnummer für das Aggressionsproblem, ist die immer noch in deinem Portemonnaie?»

«Willst du sie haben?»

«Keine Ahnung», sage ich und nicke gleichzeitig mit dem Kopf.

René besteht darauf, meine Mutter zum Bahnhof zu fahren. «Sonntags ist die Busverbindung nicht so gut», erklärt er. Wie soll sie auch, denke ich mir, wenn der Busfahrer bei uns im Wohnzimmer rumhängt.

Während meine Mutter und ich dabei zusehen, wie René mit seinem Auto langsam aus der Garage rollt, gehen erneut viele Menschen am Haus vorbei, unterwegs zum Dorfplatz.

«Dieses Kartoffelfest ist komplett überbewertet, findest du nicht?», seufze ich.

«Das Kartoffelfest interessiert mich nicht. Ich bin wegen dir hier gewesen», antwortet meine Mutter, und ich glaube ihr jedes Wort, obwohl sie es gerade genießt, einfach nur für sich zu sein. Denn wir lieben uns, so gut wir das eben können.

Als das Auto mit René und meiner Mutter hinter einer Kurve verschwunden ist, gehe ich zurück in das Haus.

«Wohnst du jetzt etwa hier?», frage ich den Busfahrer ungeduldig, als ich ihn immer noch im Wohnzimmer sitzen sehe.

«Nur die Ruhe», antwortet er mit einem Grinsen, seine Beine liegen auf dem Sofatisch, «so weit sind René und ich noch lange nicht.» Als ich ihm den Rücken zukehre, schnipst er eine gesalzene Erdnuss gegen meinen Nacken. Ich greife eine Orange aus der Obstschale, die auf dem Esstisch steht. Verfehle die Stirn des Busfahrers um mindestens zwanzig Zentimeter, aber er fängt die Orange ganz locker mit der linken Hand auf. «Üben», sagt er, mit einem noch breiteren Grinsen im Gesicht, «immer schön weiter üben.»

Im Bastelzimmer falte ich den Zettel mit der Telefonnummer auseinander. Heute ist Sonntag, da werde ich niemanden erreichen. Und ich weiß noch nicht einmal, was ich sagen soll. ‹Ich habe gestern einen Teddybären getötet und wurde dabei erwischt. Nicht von irgendwem, denn das wäre ja nicht so schlimm gewesen, sondern von einem entfernten Bekannten. Von meinem entfernten Bekannten.› Die lachen mich aus, wenn ich so etwas sage. Ich lege den Zettel mit der Telefonnummer unter ein Beruhigungsglas mit pinker Flüssigkeit. Für den Notfall, denke ich mir.

Und dann treibt es mich zum Dorfplatz, wie alle anderen auch. Nur haben die Menschen auf den Bürgersteigen andere Gründe als ich. Es sei denn, sie haben zu Hause auch einen ermordeten Teddy, der unter dem Tisch im Bastelzimmer liegt.

Den Weg zum Dorfplatz würde ich inzwischen mit geschlossenen Augen finden. Ich habe keinen Plan, was ich Janne oder Alex(andra Sofie) sagen soll. Da sind nur halbe Sätze in meinem Kopf, genauso zerfetzt wie der Teddybär.

Auf den Unterarm habe ich ‹Du vermasselst das nicht› geschrieben, das habe ich seit Beginn der Sommerferien nicht mehr gemacht. Und der Rest wird sich zeigen.

Das Kartoffelfest am Sonntagmittag ist wie ein Tiervideo, das gleichzeitig in Slow Motion und doppelter Geschwindigkeit abgespielt wird. Die Kinder haben das Kommando übernommen, sie laufen wild durcheinander, kreuz und quer, während die Erwachsenen träge hinterherschleichen, mit kleinen Augen und schweren Köpfen.

Ich schaue durch das Schaufenster in den verlassenen Frisörsalon. Jemand hat die Schere weggeräumt, und es liegen keine weißen Kügelchen mehr auf dem Boden. Als sei nichts gewesen.

Ich gehe über den Dorfplatz, vorbei an Kindern, die zu schnell sind, und Erwachsenen, die zu langsam sind. Ich scheine das einzige Lebewesen im gesamten Dorf zu sein, das sich bewegt wie normalerweise.

«Stehen bleiben, aber sofort!», ertönt plötzlich eine strenge Stimme hinter mir. Ich reiße die Arme in die Höhe und denke: Jetzt also, jetzt haben sie mich.

Vorsichtig schaue ich über die rechte Schulter, aber da sind weder Handschellen noch Polizeiuniform. Ich sehe zwei Zahnreihen mit silbernen Drähten, ich sehe strähniges Haar. Sofort lasse ich mit einem «Ach du» meine Arme fallen.

«Seit einer halben Stunde suche ich dich schon», motzt Miko, das Mädchen mit der Zahnspange, «hab dir doch geschrieben, dass wir uns heute treffen.»

«Vergessen», murre ich und schaue an ihr vorbei zur Losbude, wo der Losbuden-Udo längst einen neuen Teddybären auf die Stufen gesetzt hat. Miko allerdings scheint nicht nachtragend zu sein. «Komm, ich gebe dir eine Waffel aus», sagt sie und zupft an meinem T-Shirt-Ärmel, «weil du doch immer die Kekse mitbringst.»

Wir reihen uns an der Waffelbude in die lange Schlange ein, Sonntag scheint Waffeltag auf dem Kartoffelfest zu sein, und ich sehe aus den Augenwinkeln eine Regenwolke vorüberziehen.

«Bin sofort wieder da», sage ich zu Miko und renne ein paar Schritte, bis ich nah genug bin, um Jannes Vater auf die Schulter zu tippen.

«Haben Sie Janne gesehen?», frage ich.

«Irgendwo.» Er zeigt mit seiner Hand in drei Richtungen.

«Und Alex(andra Sofie)?»

«Die ist zwischen hier und dem Mittelmeer.» Jannes Vater deutet auf den Frisörsalon, wahrscheinlich meint er das Schild, auf dem ‹Betriebsferien› steht.

«Das hilft mir nicht weiter, aber trotzdem danke schön», sage ich höflich zu ihm und setze mich auf den Rand des Brunnens, warte auf Miko, die immer noch in der Schlange steht.

«Die werden mit Liebe gemacht», ruft ein Mitarbeiter aus der Waffelbude.

«Aber warum muss das mit der Liebe immer so lange dauern?», fragt der Mensch, dem früher mal die Metzgerei gehört hat, und alle anderen in der Schlange lachen. Nur er sieht dabei ein bisschen traurig aus, ohne glitzerndes Rouge auf den Wangen. Seine Hände verkrampft, als trügen sie immer noch ein Gewehr.

«Er hat mich übrigens erwischt», sagt Miko, als sie endlich neben mir sitzt und in eine Waffel mit Schokoladensoße beißt.

«Wer?» Ich löse ein Quadrat von meiner Waffel, und sofort sind meine Fingerkuppen weiß vom Puderzucker.

«Herr Reibert», antwortet Miko, «er hat mich erwischt, als ich die Kappe wieder auf die Klingel geschraubt habe. Am letzten Schultag.»

An den Klassenlehrer und sein Fahrrad habe ich in den letzten Tagen überhaupt nicht mehr gedacht. «Wieso hast du das gemacht?», frage ich überrascht und wische die Puderzuckerfinger an meiner Jeans ab.

«Ich wollte meine Platznachbarin nicht verlieren.» Miko lächelt. Die Drähte ihrer Zahnspange sind nicht mehr silbern, sie sind braun von der Schokoladensoße. «Er hat natürlich sofort den platten Reifen und das fehlende Ventil bemerkt. Aber ich habe behauptet, dass das einer aus der fünften Klasse gewesen ist.»

«Und das hat er dir geglaubt?» Ich schüttele fassungslos meinen Kopf, so leicht hätte ich mich niemals herausreden können. Miko stopft sich das letzte Quadrat ihrer Waffel in den Mund.

«Ich bin die mit der Zahnspange und den passablen Noten, neben der keiner sitzen möchte», erklärt sie kauend, und ein paar Krümel fliegen im hohen Bogen auf das Kopfsteinpflaster. «Natürlich glaubt er mir.»

«Du hättest das nicht machen müssen», sage ich. «Außerdem sitze ich lieber neben dir als neben irgendwem sonst.»

Weil wir inzwischen so routinierte Platznachbarinnen sind, teilen wir uns den Rest meiner Waffel und bleiben noch bis zum späten Nachmittag nebeneinander auf dem Brunnenrand hocken.

Ich erzähle Miko, warum ich ins Dorf gezogen bin, erzähle ihr von dem Urknall, mit dem alles begonnen hat.

«Völlig irre, oder», sagt Miko und fährt sich mit ihrem Finger über den Nasenrücken, «der Gedanke, dass am Ende aus etwas so Kleinem ein ganzes Universum entstanden ist.»

Ein Universum, das ständig zu explodieren droht, ergänze ich ihren Satz in meinen Gedanken.

Doch jetzt ist Miko an der Reihe, sie berichtet von ihrer Schildkröte und ihren vier Geschwistern, von der Hütte in den Bergen, zu der ihre Familie morgen für den Rest der Ferien fahren wird, sie beschreibt die verschiedenen Geschmacksrichtungen von Bleistiften, und schließlich schwärmt sie von Dominic aus der Raucherecke, in den sie seit der fünften Klasse verschossen ist.

«Warum denn ausgerechnet in den?», frage ich entgeistert, aber sie schaut nur mit ihrem schokoladenverschmierten Mund zum Himmel, und diesen Blick, den kenne ich schon. Sofort verheddert er sich zwischen den winzig weißen Wölkchen.

Bevor wir uns verabschieden, hole ich mein Handy aus der Gesäßtasche und strecke es Miko entgegen. Der Platz um uns herum wird langsam leer, das Kinderkarussell hat bereits seine Lichter ausgemacht.

«Zeig mir bitte mal, wie ich deine Telefonnummer in der Kontaktliste speichern kann», sage ich.

Als ich dann am Frisörsalon vorbei zur Dorfstraße gehe, schaue ich wie immer durch das Schaufenster. Und da steht Janne, mitten im Raum. Ich strecke meinen Arm aus, um die Glastür zu öffnen.

Doch Janne, er schüttelt nur mit dem Kopf.

IN DEN nächsten Tagen ist mein Leben fast so wie früher. Nur dass ich jetzt in einem Dorf wohne, an einer Tankstelle arbeite und einen Eintrag in meiner Kontaktliste habe.

Janne will mich nicht sehen, also halte ich mich fern von ihm und mache einen großen Bogen um den Dorfplatz. Das ist besser für uns beide, mehr Abstand zwischen uns, rede ich mir ein.

René ist bis zum Wochenende auf irgendwelchen Baustellen unterwegs, die Tante hat er für Untersuchungen ins Krankenhaus gebracht, wo sie ein paar Tage lang bleiben muss. In ihrem Koffer der pinke Einteiler, drei Schneekugeln und zwei Essiggurkengläser. Der Koffer ist viel zu groß für vier Übernachtungen. «Aber man weiß ja nie», hat die Tante gesagt. Und ich habe mein dreiblättriges Kleeblatt auf den pinken Einteiler gelegt. Mehr Glück habe ich nicht, das ich ihr schenken kann.

Bevor die Tante mit ihrem Koffer das Haus verlassen hat, ist sie im Flur stehen geblieben. Ich habe auf den Treppenstufen gesessen, und sie hat mich keines Blickes gewürdigt, so wie sie es immer tut. Dann hat sie gesagt: «Auf dem Tapeziertisch liegen Nähnadeln und ein paar Rollen Garn, falls du was angestellt hast.»

Morgens laufe ich alleine durch den Wald, obwohl ich nirgendwo hinwill. Die Bäume. Die Vögel. Die Insekten. Und sogar die Pilze. Niemand scheint mit mir in Kontakt treten zu wollen. Die Abdrücke von Janne und mir auf der Wiese, sie sind längst verschwunden. Und wenn ich nachmittags in der Tankstelle arbeite, fällt es mir schwer, nicht unablässig auf den leeren Hocker vor der Kaffeetheke zu starren.

Mein Leben ist fast wie früher, nur fühlt es sich jetzt wie Einsamkeit an.

Als ich am Donnerstag nach der Spätschicht ins Bastelzimmer komme, setze ich mich an den Tapeziertisch und mustere die verschiedenen Garnrollen. Sie wurden von der Tante in einer Reihe aufgestellt, ich habe sie in den letzten drei Tagen kein einziges Mal berührt. Vorsichtig nehme ich jetzt eine der Garnrollen in die Hand, klemme sie zwischen meinen Daumen und meinen Zeigefinger und ziehe an dem Faden. Er löst sich ganz leicht von der Spule. Neben den Garnrollen liegen vier Nähnadeln. Vielleicht hat die Tante erwartet, dass mindestens drei von ihnen in den Rosensträuchern landen werden. Nachdem ich die Garnrolle wieder zu den anderen gestellt habe, ziehe ich den zweigeteilten Teddybären und den Karton mit dem bunten Papier unter dem Tisch hervor. Ich setze mich im Schneidersitz auf den Korkboden, zerreiße die Blätter und forme Papierkügelchen daraus. Diesmal fülle ich kein Konservenglas, sondern eine leere Hülle aus Kunstfell. Als kein Blatt Papier mehr in dem Karton ist, suche ich vier meiner liebsten T-Shirts heraus. Stopfe sie in die Bärenarme und Bärenbeine. Nehme eine der Nähnadeln und eine Rolle Garn vom Tapeziertisch. Es braucht elf Versuche, bis ich den Faden durch die kleine Öffnung geschoben habe. Ich will den Schnitt am Bauch zunähen, doch der Faden zieht sich zusammen mit der Nadel durch den hellbraunen Stoff, bis er wieder vor mir in der Luft hängt. Erst dann erinnere ich mich daran, dass es am Ende des Fadens einen Knoten braucht. Irgendwann gelernt im Textilunterricht bei Herrn Weißnichtmehr. Mit groben Stichen schließe ich den Bauch, steche dabei mehrmals in meine eigenen Fingerkuppen. Ich schiebe einen neuen Faden durch das Nadelöhr, es klappt beim fünften Mal, um den Kopf am lädierten Körper zu befestigen. Danach lehne ich den Teddybären an den Tapeziertisch und begutachte ihn. Er hat abgenommen, und ein bisschen schlapp wirkt er. Sein Kopf hängt schief nach unten rechts, wahrscheinlich habe ich bei den einzelnen Stichen nicht fest genug am Faden gezogen. Die Nähte am Hals und am Bauch sind deutlich zu sehen. Ich hätte wohl das braune Garn nehmen sollen, denke ich. Nicht das pinke.

«Und jetzt?», frage ich den Teddybären, aber er hat auch keine Antwort darauf.

ICH BIN gerade aufgestanden, als es morgens an der Haustür klingelt. Einen riesigen Koffer mitnehmen, aber den Schlüssel vergessen, das sieht der Tante ähnlich, denke ich noch und rase in T-Shirt, Boxershorts und einer grünen Wollsocke am linken Fuß die Treppe hinunter. Vor der Tür jedoch erwartet mich keine faltige Stirn, sondern ein roter Haarreif.

«Woher weißt du, wo ich wohne?», frage ich überrumpelt und stelle den rechten Fuß auf den mit der Wollsocke. Sie kriechen mir bis in meine beiden großen Zehen – die Freude darüber, dass Janne vor meiner Tür steht, und die Furcht davor, dass der erste Besuch auch sein letzter werden wird.

«Kim, das ist hier ein Dorf?», antwortet Janne. «Natürlich weiß ich, welches Haus das von Frau Geissler und ihrem Neffen ist.»

«Klar ist das ein Dorf», entgegne ich, «aber ich weiß trotzdem nicht, wo du wohnst.» Sich mit Kleinigkeiten aufhalten, um nicht über Dinge zu sprechen, die passiert sind. Wenn ich weiter so auf erwachsen mache, kann ich demnächst mit Frau Paschulke über Gartenhecken reden.

«Über dem Frisörsalon, wo sonst?» Janne zieht irritiert die Augenbrauen hoch, das könnte aber auch an meinen Schlafklamotten liegen, die Boxershorts sind quietschgelb, mit bunten Dinosauriern drauf, und auf dem violetten T-Shirt steht in roten Buchstaben ‹No Future›.

«Der Janne», flötet es da vom Bürgersteig her. Schiefer Pony und Walkingstöcke.

«Herr Lossinger.» Janne hebt grüßend die Hand und schaut dann wieder zu mir. «Mein ehemaliger Gitarrenlehrer», flüstert er. Herr Lossinger scheint es nicht eilig zu haben, trotz seiner Walkingstöcke, und bleibt am Rande des Vorgartens stehen. «Seid ihr gar nicht im Urlaub?», fragt er. Sein Blick geht zu Janne, zu mir, zu meinen Boxershorts, dann wieder zu mir und zu Janne.

«In diesem Jahr bleiben wir hier», sagt Janne ein wenig gequält, wahrscheinlich überlegt er schon, wem Herr Lossinger gleich erzählen wird, dass er ihn und mich frühmorgens erwischt hat und dass ich nur Unterwäsche getragen habe. Mit Dinosauriern drauf, die keine Zukunft haben.

«Gehen wir rein?», frage ich, und Janne macht sofort einen Schritt in den Hausflur, ruft so freundlich, wie ich es nie könnte: «Einen schönen Tag noch, Herr Lossinger!», lässt die Tür dann zwischen dem Gitarrenlehrer und uns ins Schloss fallen.

Janne hat sich schon hingekniet, um den Knoten an seinen Chucks zu lösen, bevor ich überhaupt sagen kann, dass er seine Schuhe ausziehen soll. «Den rechten Strumpf auch?», fragt er und zeigt auf meinen nackten Fuß.

«Gäste dürfen ihre Socken anbehalten», antworte ich und gehe an Janne vorbei zur Treppe, während er sich ängstlich umschaut. «Keine Sorge. Agnes ist nicht zu Hause.»

Im Bastelzimmer bleibt er sofort vor den Metallregalen stehen, er betrachtet die Schneekugeln, nimmt behutsam ein Beruhigungsglas mit grüner Flüssigkeit in die Hand und schüttelt es, blickt staunend auf die herumwirbelnden Herzen.

«Du kannst den Mund wieder zumachen», sage ich. «Im Endeffekt sind es doch nur Regale mit Konservengläsern.»

«Irgendwie bin ich die ganze Zeit davon ausgegangen, dass du dir das nur ausdenkst mit den Schneekugeln.» Wieder schüttelt er das Beruhigungsglas und lässt die Herzen tanzen. «Ich habe tatsache gedacht, dieses Bastelzimmer existiert gar nicht?»

«Dafür hätte ich viel zu wenig Fantasie», sage ich empört. Doch Janne schlendert weiter an den Regalen entlang, ohne auf meine Empörung zu reagieren.

«Möchtest du dich setzen?» Ich zeige auf den Stuhl, auf das Sofa, auf den Boden. Aber er lehnt ab. Bestimmt will er gleich wieder gehen.

«Ich wusste nicht, ob wir noch entfernte Bekannte sind», sage ich, weil wir nicht ewig um den letzten Samstag herumschleichen können und weil ich kein Mensch werden will, der sich hinter Gartenhecken versteckt. «Deshalb habe ich dich in Ruhe gelassen.»

«Ja, das wusste ich ehrlich gesagt auch nicht so wirklich.»

Janne ist jetzt beim Tapeziertisch angekommen, und sein Blick fällt auf den Teddybären.

«Du hast ihn wieder zusammengeflickt?», fragt er.

«Hab's versucht», antworte ich kleinlaut. Bei Tageslicht

kann man zwischen den pinken Nähten noch die Papierkügelchen und einen Zipfel von meinem T-Shirt erkennen.

«Damit Alex nicht mehr sauer auf dich ist?»

«Oder damit du wieder mit mir redest.» Ich lehne mich gegen den Türrahmen, weil ich gerade ein bisschen Halt brauche.

«Ich habe richtig Panik gekriegt», sagt Janne und schaut aus dem Fenster. «Wie du da mit der Schere auf diesen riesigen Teddy los bist, so groß wie ein Dreijähriger? Ist tatsache kein Mensch und auch kein Tier oder irgendwas, das atmet. Aber es ist eben auch keine Kaffeemaschine? Und als du mich angesehen hast, da habe ich gedacht so von wegen? Dass du dich mit der Schere gleich auf mich stürzen wirst.»

«War blöd von mir», sage ich leise und sehe auf meinen Unterarm. ‹Du vermasselst das nicht.› Der orangefarbene Edding ist kaum noch zu erkennen.

«Es war falsch.» Das erste Mal, seit ich ihn kenne, klingt die Stimme von Janne so ungefähr wie wütend. «Weil, wenn man jemanden mag, dann macht man so was nicht. Und dass du Alex magst, das wissen wir beide.» Er geht zum Schlafsofa und setzt sich auf das Fußende, meine rechte Wollsocke liegt neben ihm. Ich rutsche am Türrahmen runter, bis ich auf dem Korkboden sitze.

«Aber du hast doch auch ...», beginne ich.

«Die Turnschuhe und den Engel habe ich nicht ins Güllefass geworfen», unterbricht mich Janne sofort, aber mit weniger Wut in der Stimme. «Ich habe sie noch am gleichen Morgen zurückgebracht, als wir runter sind von der Wiese.

Die Schwester von Doktor Kleist ist schlimmer als Brechdurchfall? Aber ihr Mann ist vor drei Jahren gestorben, und das mit dem Engel hätte sie echt zerlegt. Das konnte ich tatsache nicht bringen, ob es sich gut anfühlt hin oder her. So bin ich halt nicht.»

Ich schaue auf meine nackten Zehen, so ungeschützt ohne die Wollsocke, und warte darauf, dass Janne nun aufsteht und geht, weil er genug davon hat, mein entfernter Bekannter zu sein. Er hat den Teddybären gesehen. Er hat gesehen, was passiert, wenn man mir zu nahe kommt. Zusammengeflickt und mit grellen Farben gezeichnet für immer.

Wer will da schon bleiben?

Gleich.

Gleich wird er gehen.

Weil man so wie ich gar nicht sein kann.

Schweigend sitzen wir da. ‹Und dann hängt man doch so am Leben›, hat die Tante gestern Abend gesagt, mehr zu sich selbst als zu mir, bevor sie gegangen ist.

«Eine Sache müssen wir echt noch klären?», spricht Janne plötzlich in unser Schweigen und meine Gedanken hinein. Langsam hebe ich den Kopf. Janne sitzt weiterhin am Fußende, macht keine Anstalten aufzustehen.

«Das müssen wir echt noch klären, weil ich es einfach nicht kapiere. Was zur Hölle findet sie bloß an diesem Pasqual?»

«Er ist normalerweise», antworte ich zögerlich, weil ich nicht so richtig begreife, warum Janne noch hier ist. Hier bei mir ist.

«Trägt keinen Haarreif?», vermutet er.

«Oder pinke T-Shirts», mache ich weiter. Und da sehe ich sie, diese winzige Lücke zwischen dem mittleren und dem seitlichen Schneidezahn. Unsicher lächeln wir uns an.

«Ist garantiert total sportlich?» Janne wirft mir die rechte Wollsocke zu, sie fällt einen knappen Meter vor seinen Füßen zu Boden. «Und werfen kann er wie ein richtiger Kerl.»

«Mit Haaren auf der Brust», sage ich.

«Knutscht niemals mit Jungs?»

«Hat überhaupt schon geknutscht, gefummelt und Sex gehabt.»

«Er sucht im Internet nicht nach Schmeichelkleidern.»

«Und niemand sagt ihm: ‹Warum immer diese Holzfällerhemden, zieh dir doch mal was Schickes an.›»

«Ja, niemand tätschelt ihm den Kopf und sagt: ‹Du musst nicht so gut sein wie dein Bruder.›»

«Keiner käme auf die Idee, ihn ‹das Ding aus der vorletzten Reihe› zu nennen.»

«Den Finger steckt er sich nur in den Hals, wenn er zu viel gesoffen hat.»

«Und, oh ja», fällt mir dann noch ein, «er gewinnt Teddybären und schneidet sie nicht kaputt.»

«Er ist so schrecklich normalerweise.» Janne reckt seine Hände verzweifelt in die Höhe. «Was will sie nur von dem, wenn sie uns haben könnte?»

Ich beuge mich nach vorn, aber die rechte Wollsocke erreiche ich nicht einmal mit meinen Fingerspitzen. «Pasqual hat garantiert auch Probleme», sage ich.

«Natürlich hat er die.» Janne lässt seinen Oberkörper auf das Schlafsofa fallen. «Aber das macht es tatsache nicht leichter.»

«Hm», brumme ich unbestimmt, bevor ich mich auf die Handgelenke stütze und bis zur Raummitte schiebe. Ich greife mir die Wollsocke, stecke die Zehen meines rechten Fußes hinein, entscheide mich dann doch anders und ziehe auch die linke Wollsocke aus, werfe beide auf einen Klamottenhaufen in der Zimmerecke. Ich schaue zurück zum Türrahmen und schaue zu Janne, der immer noch mit aufgestellten Beinen auf dem Schlafsofa liegt. Unentschieden bleibe ich in der Raummitte sitzen.

«Mannomadam», seufzt Janne und betrachtet die Zimmerdecke, als ob es da außer weißer Farbe noch irgendwas anderes zu sehen gäbe, «ich finde Alex schon so ewig toll, ich kann mich gar nicht mehr daran erinnern, wie es ohne sie in meinem Kopf gewesen ist?»

Und dann, ja dann sagt er: «Aber seit du hier wohnst, träume ich nicht mehr so oft von ihr.»

Sein Blick wandert weiter über die Zimmerdecke. Ich starre auf die Schneekugeln in den Regalen, starre auf niedliche Tiere und die Herzen in ihren Pfoten, und frage mich, ob das gerade so etwas wie eine Liebeserklärung gewesen sein soll.

Warum nur habe ich die Wollsocken nicht angezogen, kommt mir in den Sinn, dann wären wenigstens meine Zehen in Sicherheit.

«Kannst dich entspannen?», sagt Janne, weil er mich ja gut genug kennt, und vielleicht hört er auch, wie meine

Fingernägel über den Korkboden kratzen, «ich habe keine Sahnebaisers und keine Luftballons dabei.»

«Auch keine weißen Tauben?», will ich es ganz genau wissen.

«Noch nicht mal ein Lebkuchenherz.» Janne hebt den Kopf von der Matratze, um mich anzusehen, ganz leicht zeichnet sich nun sein Bauch unter dem T-Shirt ab. «Bin nur voll gern dein Freund, und daran ändert tatsache auch der Samstagabend nichts?»

Er wird nicht gehen, denke ich.

Er wird nicht gehen, denke ich.

Er wird nicht gehen, denke ich.

Erst nach dem dritten Mal kann ich es glauben.

«In Ordnung», sage ich und wackele zaghaft mit den großen Zehen. «Damit komme ich klar, vermute ich mal.»

«Jetzt musst du nur überlegen, wie du Alex wieder beruhigst.» Janne stemmt sich auf beide Ellenbogen. «Ich schwöre, ich habe versucht, alles wegzuräumen, direkt als du am Samstag raus bist? War nur nicht schnell genug, hatte das Kehrblech noch in der Hand, da ist Alex reingekommen. Und überall die weißen Kügelchen? Ich wusste einfach nicht, was ich ihr sagen soll.»

Miko und Janne. Eine Armee aus Eselsohren, die mich beschützen will.

«Vielleicht besänftigt sie der geflickte Teddybär ein bisschen.» Ich komme kurz auf die Beine und lasse mich neben Janne auf das Schlafsofa fallen.

«Könnte funktionieren», sagt Janne und dreht seinen

Kopf zu mir. «Alex hat eine schlimme Schwäche für seltsame Gestalten.»

«Ich weiß ...»

«Sowieso hast du noch zehn Tage Galgenfrist, bis sie aus Südfrankreich zurück ist.»

«Zeit genug, um sich einen Kopf zu machen», stöhne ich.

«Sind die eigentlich von der Tankstelle?»

Janne deutet mit dem Kinn auf einen kleinen Stapel Zeitschriften, der neben dem Schlafsofa liegt.

«Die sind alle vom letzten Monat», verteidige ich mich. «Ich muss sie erst nächste Woche zurückschicken.»

Er zieht die unterste Zeitschrift aus dem Stapel und dreht sich auf den Bauch. *Tierwelten* steht auf dem Cover.

«Ich hab gedacht, ganz unten ist der Schmuddelkram», grinst er.

«Gewünscht hast du dir das», sage ich und boxe ihm gegen den Oberarm. «Und jetzt lies mir bitte was vor, so zum Ablenken.»

Ich bleibe auf dem Rücken liegen, während Janne in der Zeitschrift herumblättert. Meine Schulter an seinem Ellenbogen. Keine halbe Armlänge Abstand mehr.

«O.k., ich hab's», sagt Janne irgendwann, «‹Lieber allein – über tierische Einzelgänger›.»

Ich schließe die Augen und decke mich mit seiner Stimme zu.

Er erzählt mir von Pandas, die am Tag in hohlen Baumstämmen oder Höhlen schlafen. «‹Ihre Reviere sind mindestens vier Quadratkilometer groß, und sie gehen anderen

Pandas aus dem Weg›», liest Janne vor. «‹Sie essen 10–40 Kilogramm Bambus und sind damit 10–16 Stunden am Tag beschäftigt.›» Es könnte sein, Janne wäre gern ein Pandabär. Ich dusele ein bisschen weg, aber bekomme noch mit, dass das Herz eines Blauwals 600 Kilogramm bis eine Tonne wiegt. Wie krass das sein muss, so viel Herz zu haben, denke ich und schlafe ein.

«Ein Kuriosum.»

Ich schrecke hoch aus einem Traum, den ich sofort wieder vergessen habe, und weiß im ersten Moment nicht, wo ich bin, was ich bin und wer da neben mir liegt mit rotem Haarreif und schwarzen Klamotten.

«Was Kuriosum, ich?», frage ich verdattert und reibe mir die Augen.

«Das Schnabeltier», antwortet Janne und tippt auf die Zeitschrift. «So etwas wie das Schnabeltier kann es eigentlich nicht geben. Weil es ein Säugetier ist *und* Eier legt.»

Ich schaue auf das Foto. Ein Wesen mit braunem Fell treibt an der Wasseroberfläche, guckt mich mit kleinen Augen an. Es hat Schwimmhäute an den Füßen und einen Schnabel wie eine Ente, nur ist der Schnabel viel dunkler. Ich bin keine Zimmerpflanze und kein Krokodil, das wird mir plötzlich klar. Ich bin ein Schnabeltier. Weil man so wie ein Schnabeltier doch gar nicht sein kann.

«Sie leben nur in Australien», ergänzt Janne, «und die Männchen besitzen einen giftigen Stachel.»

Wenn ich ein Schnabeltier bin, dann will ich ein Schnabeltier Deluxe sein, denke ich, dann lebe ich hier, dann bin ich giftig und kann Eier legen, dann bin ich das volle Programm.

«Und weiter?», frage ich.

«Mehr steht hier nicht», sagt Janne und klappt die Zeitschrift zu. «Es endet mit dem Schnabeltier. Den Schneeleoparden und die Meeresschildkröte hast du verpennt.»

Er dreht sich nun auch auf den Rücken. Jannes Fingerspitzen berühren meine, ganz leicht. Und ich ziehe meine Hand nicht weg, obwohl ich ein Schnabeltier bin.

So liegen wir da, Fingerspitze an Fingerspitze, für eine ganze Weile.

Sarah Jäger

Nach vorn, nach Süden

224 Seiten

Der Hinterhof des Pennymarktes ist mehr als ein Hinterhof für Lena, auch genannt «Entenarsch». Denn hier bekommt man seinen Namen, ob man will oder nicht. Entenarsch hat ihren von Jo, der vor einigen Wochen einfach verschwunden ist. Jo, der mit Marie zusammen war. Und an deren Trennung Entenarsch nicht ganz unschuldig ist. Entenarsch, Marie und Can beschließen, Jo zu suchen – aus den unterschiedlichsten Motiven. Ihre Fahrt durch brüllend heiße Sommertage führt sie immer weiter in den Süden, bis zu einem riesigen Musikfestival. Und während Jo wie vom Erdboden verschluckt scheint, versammeln sich um die drei Suchenden immer mehr gute Bekannte vom Hinterhof. Am Ende wird Entenarsch am Meer auf Jo treffen. Und wird nie wieder Entenarsch genannt werden.

Sarah Jäger
Die Nacht so groß wie wir

192 Seiten

«Das ist die Nacht, in der wir sterben müssen. Vom Ungeheuer verschlungen und dann wiedergeboren.»
Suse, Pavlow, Maja, Tolga und Bo sind enge Freund:innen, seit vielen Jahren. Jetzt wartet endlich das echte Leben auf sie, denn nach diesem Tag und dieser Nacht haben sie ihre Schulzeit hinter sich. Gemeinsam beschließen sie, bis zum nächsten Morgen all das zu erledigen, was sie sich bisher nicht getraut haben. Auf jede:n der fünf warten offene Rechnungen – und innere Ungeheuer. Die Dinge laufen aus dem Ruder. Und nach dieser Nacht ist nichts mehr, wie es vorher war.

Weitere Informationen finden Sie unter **rowohlt.de**